CONOCIENDO LA PALABRA DE DIOS

Una Fe Real Para el Fin de Los Tiempos

All inquiries should be addressed to:

Book Domain LLC.
543 E Louise Dr Phoenix, Az 85050

Ordering Information:

Amount Deals. Special rebates are accessible on the amount bought by corporations, associations, and others. For points of interest, contact the distributor at the address above.

Printed in the United States of America.

ISBN-13 Paperback   978-1-970309-47-8
          eBook   978-1-970309-46-1

Library of Congress Control Number: 2026903415

CONOCIENDO LA PALABRA DE DIOS

Una Fe Real Para el Fin de Los Tiempos

*Conocerás la Verdad y
Ella te Hará Libre*

MELVIN ZELAYA

CONTENIDO

PRÓLOGO

El Génesis de La Investigación

Lo que están a punto de leer aquí, tal vez constituya la culminación absoluta de todas las interrogantes que han rondado mi mente desde los siete años, cuando yo transitaba los pasillos de la escuela primaria. En aquellos instantes serenos que frecuentemente acompañan la infancia, me sumía en reflexiones sobre la vida y las incertezas que envuelven el cómo, y el porqué de nuestra existencia, pero, sobre todo, ¿cuál es mi propósito en esta vida? Me atrevo a conjeturar que la mayoría de ustedes alberga una variante de esta curiosidad entretejida en el tapiz de sus propias experiencias. Durante largos años, me sumergí en la lectura y el estudio de la mitología griega y romana, sin jamás detenerme a cuestionar por qué esas culturas conferían a sus deidades nombres tan grandilocuentes como Zeus, Apolo, Júpiter, y todo el panteón de astros y estrella que engalanan nuestro firmamento nocturno. No me di cuenta de que esto constituía la amplitud de su existencia religiosa, que abarcaba desde la dispersión de la humanidad en Babel, hasta la era de Abraham, cuando el Dios auténtico abandonó los epítetos grandilocuentes en favor del título modesto de "El Padre".

Una Palabra Simbólica Sin Contemplar

La profundidad de ese Nombre se me escapaba; permanecía como un simple término, carente de cualquier resonancia, significado, o relación personal conmigo. No reflexioné sobre sus connotaciones más profundas—un guardián, protector, sustentador y defensor de su linaje—quizás debido a la ausencia de una figura paterna tangible en mi vida. Circunstancias ajenas a mi padre, lo obligaron a trabajar en un pueblo lejano para mantener a nuestra familia, cortando una conexión sustancial entre él y yo.

Todos reconocemos el concepto familiar—un mosaico de individuos distintos—y más tarde, como padre yo mismo, busqué discernir los temperamentos y talentos únicos de mis hijas, adaptando mi enfoque a sus singularidades. Sin embargo, a pesar de nuestros sinceros esfuerzos, a menudo hijas perciben que los padres como si tuvieran una "favorita", una idea errónea muy alejada de la realidad, pero no estoy seguro de lo que ocurre con los hijos varones, ya que carezco de experiencia en ese aspecto.

El Dilema del Hombre Con Dios

Mi afirmación aquí es que Dios, el arquitecto de toda la creación, se enfrenta con un dilema comparable con cada hijo adoptado mediante del sacrificio redentor de su Hijo—cuando uno opta por su invitación donde Él carga la cruz que nosotros merecemos, restaurando así, la brecha que _nos separa_ de nuestro Padre Verdadero. Esta obra está escrita explícitamente para quienes están dispuestos a reconocer Su existencia como una verdad incontrovertible, no como una teoría especulativa o, con un edificio religioso, cuales, como **2 Timoteo 3:5** los etiqueta, y critica como aquellos que se aferran a:

"una apariencia _externa_ de piedad [religión], aunque han rechazado _Su poder_ [pues su conducta _desmiente_ su profesión de fe]".

LA VERDAD QUE DESPIERTA

Arribé a un punto en mi vida en que, al explorar disciplinas académicas como la astronomía, la cosmología y las matemáticas, y al contemplar la intricada complejidad del universo, comprendí que yo había sido engañado en el ámbito universitario, dominado por la religión humanista. La lógica elemental y el sentido común me revelaban que ninguna sopa primigenia pudo haber orquestado—por citar solo un ejemplo—el equilibrio simbiótico mediante el cual la vegetación intercambia su oxígeno por nuestras exhalaciones de dióxido de carbono, ni cómo una Entidad brillante diseñó el transporte y transferencia de trillones de galones de agua marina en forma de lluvia para perpetuar este ciclo. Aún más asombroso es, que tales hazañas son triviales comparadas con las exigentes tolerancias que rigen la coreografía de las estrellas, las galaxias y el reino natural que envuelve este cosmos.

BUSCANDO UN AMOR EN LUGARES EQUIVOCADOS

Cuando yo me di cuenta de lo que yo había escuchado en universidades, e incluso en la revista Time muchas décadas antes, con el titular "¿Ha Muerto Dios?", no era más que la propaganda de la religión humanista dirigidas a las personas desinformadas e ingenuas, que toman las palabras de otros, al pie de la letra y las creen sin cuestionarlas y sin duda, también funcionó conmigo. Años tardes, en un atardecer glorioso que gritaba ¡"Creación"!, hice una simple oración al aire (o eso yo creía). No sabía qué orar mientras contemplaba ese hermoso atardecer nublado, que yo estaba verbalizando lo que _estaba_ *y sentía* dentro de mi corazón. Simplemente yo le dije: "Dios, si eres real, quiero conocerte". No los aburriré con los detalles, pero exactamente 24 horas después, dos jóvenes misioneros mormones llamaron a mi puerta y yo asumí erróneamente, que esto era una "señal" de Dios respondiendo a mi oración. Sin duda, esto les ha sucedido a millones de personas cuando andan buscando al verdadero Dios y desafortunadamente, terminan, a como dice el dicho, "contagiándose con la religión", y ciertamente, eso fue precisamente lo que yo hice también.

Es Fácil Probar la Existencia de Dios

Aunque tu no llegues a conocer de un predicador extraordinario llamado Ray Comfort, él fue quien 47 años después, me demostró que fácil es de probar que Dios es real cuando alguien le preguntó que si él podía probar la existencia de Dios. Su respuesta fue inmediata y más simple y clara que el cacarear de una docena de "teólogos": "Sí, puedo. Cuando ves una hermosa pintura, o un edificio magnificente, uno no necesita a saber o, probar que, esa pintura *tiene un pintor* como su creador, ni tampoco ninguna duda que un arquitecto diseñó, y un constructor, construyó un rascacielos. Así que, cuando tú ves la asombrosa belleza y complejidad de la naturaleza, del cosmos, y la del cuerpo humano, uno no necesita *ninguna prueba* para saber que si algo que es diseñado y construido tiene un Creador. Eso fue exactamente lo que yo vi aquel hermoso día de Verano, en 1975.

Una Búsqueda por lo Real

Al encontrarme con este Dios Real, me embarqué en una odisea para asimilar todo lo que es posible de saber, y a cómo podía yo de acercarme a Él. Una vez que descubrí las soluciones a esta tarea durante estos últimos cincuenta años de búsqueda, todas las preguntas que yo tenía desde aquellos días iniciales, y de las preguntas que surgieron posteriormente en mi mente, han sido respondidas y resueltas.

EL DÉFICIT DE LA RELIGIÓN

Aunque bienintencionadas, cada religión que yo estudié, o aquellas cual yo me adherí, o practiqué, ninguna cumplió el propósito que Él determinó para *cada uno* de los llamados por Él. Desde ese umbral, emprendí un nuevo sendero para encontrarlo tal como Él lo dispuso, y comenzando a disfrutar de una genuina relación a la misma manera que hay entre un Padre-hijo. Al igual que en una familia humana, Él nos trata según nuestra singularidad y los anhelos que Él descubre si no ya sabe, que están dentro de nuestros corazones. Asimismo, demuestra que Él no exhibe ningún favoritismo a nadie, y que Él nos dispensará un trato equitativo conforme a esa unicidad, liberándonos de envidias o resentimientos mutuos.

ES UNA INVITACIÓN, NO UN MANDATO

En toda esta obra escrita, usted no encontrará *ni una sola cita* de ningún erudito bíblico, teólogo, autor, o filósofo religioso, porque sus ideas, interpretaciones, y conclusiones, provienen de sus intelectos, experiencias vitales, y la cultura en la que ellos se crearon. Por eso, si uno junta a diez de ellos, tendrás diez opiniones sobre cualquier tema bíblico. Desafortunadamente, a estas personas, tanto a como pastores, y predicadores, las ovejas los toman en serio, como que si ellos poseen algún conocimiento preciso e inerrable de los oráculos de Dios.

Por lo tanto, esta narrativa se propone en cuestionar creencias y tradiciones centenarias que, hasta donde yo sé, son desconocidas, ni tampoco han sido expuestas, discutidas, predicadas, ni escritas. Todas las citas que encontrará aquí *provienen* **100% de la Palabra**

de Dios. ¿Por qué, se preguntará uno? Simplemente porque Dios ha *establecido* en **Lucas 1:4**; Juan **1:14-17**; y muchos otros, que solo existe <u>UNA Verdad</u>, y en **Juan 17:17** encontramos que *esta Verdad es la Palabra* escrita, y viva: Cristo Jesús.

Al mismo tiempo, esta exposición no pretende, o trata de persuadir, ni convertir a nadie a seguir ninguna religión—tampoco no es una nueva doctrina, pues cada uno de nosotros debe recorrer su propia trayectoria dentro de Su plan redentor para esta humanidad caída, a como se aclarará más tarde en esta obra. Al igual que nuestros padres mortales, Él, en su Palabra, simplemente ha extendido *una invitación* a recibir Su mejor recompensa para aquellos que lo aman, a como se expresa en **1 Corintios 2:9**. Sin embargo, este don solo está disponible para aquellos que están *dispuestos* a aceptar su plan de salvación *tal a como está diseñada*, y a obedecerla; de la misma manera que un padre humano ofrece a sus hijos lo mejor que él tiene porque los ama. No obstante, la mayoría de las veces, estas son ignoradas y rechazadas, y, como siempre, un padre amoroso está dispuesto a aceptar el rechazo, y nunca odiaría, despreciaría, abandonaría, ni resentiría a ninguno de sus hijos por no prestarles su atención ni el obedecimiento.

Por favor, tengan presente que, al leer, esta narración es simplemente una articulación de lo que Él ha escrito en Su Palabra, expresando el anhelo de un Padre Divino de que cada uno de Sus preciados hijos **acepte** lo mejor que Él nos ofrece. Sin embargo, esto solo es posible si somos capaces de discernir el valor de lo que Él nos promete, y si estamos dispuestos a aceptar *Sus términos y condiciones* para recibirlo.

Con esto, comencemos.

Α Σ Ω

CAPÍTULO UNO

La Fe que Dios Busca

EL MUNDO SE HA VUELTO LOCO

El mundo actual se está tambaleándose al borde del abismo—se avecinan guerras con el potencial de escalar hasta convertirse en una Tercera Guerra Mundial cataclísmica, infundiendo temor en todos los corazones que están informados, y al día sobre todo lo que realmente está sucediendo en el mundo. Sin embargo, bajo este tumulto yace una energía espiritual subyacente pero solo para aquellos que conocen el entramado profético de las Escrituras—que abarca el Nuevo Testamento y de los escritos judíos en el Viejo Testamento—estos acontecimientos se alinean con una trayectoria inevitable que la mayoría de la gente no desea ni se atreve a imaginar y somos también _incapaces_ de detener o modificar esta marea profética. Como cristiano, yo percibo lo que se avecina en el horizonte inminente; si usted aborda estos acontecimientos desde esta perspectiva, podría preguntarse: ¿Tengo una fe firme en Dios para navegar lo que nos espera en nuestro futuro cercano?

Jesús nos asegura en **Apocalipsis 3:10** que Él nos protegerá de las severas pruebas venideras. Estos acontecimientos se desarrollarán con seguridad:

> "Porque tú has guardado Mi Palabra de mi perseverancia [mi mandato de perseverar], Yo te guardaré [a ser salvo] de la hora de la prueba, esa hora que está por venir sobre _**todo**_ el mundo [habitado] para probar a los que moran sobre la tierra".

La Fachada de la Fe Humana

Si preguntas en una iglesia: "Con todo lo que está pasando en la tierra, ¿quién cree que su fe lo ayudará para poder aguantar a ella?" Todos levantarían la mano de seguro. Pero ¿cómo sabemos si nuestra fe es buena de verdad, el tipo de fe que Dios _requiere_? Eso me hizo pensar. En **Lucas 18:8**, Jesús dice:

> "Pero cuando el Hijo del Hombre venga, ¿hallará Él, esta clase de fe [de un tipo tenaz] en la tierra?"
> (**Biblia Griega Amplificada** usada en _**todo**_ este trabajo).

Él no diría esto, si no fuera importante para nosotros en saber. En este pasaje, Él nos está avisando de la clase de fe que Él busca, y la que _debemos_ tener, con un conocimiento seguro en saber, si la tenemos o no—y si está ausente, a cómo obtenerla. Me tomó años para entenderlo, y ojalá que los versículos que vamos a ver aquí te ayuden a saberlo, tal a como me ayudó a mí.

Estoy seguro de que nuestro Señor hizo esta pregunta para los cristianos de hoy también, y Él tiene un propósito y una razón por preguntarlo, porque quizás, y simplemente, Él está tratando de decirnos algo *importante* que debemos prestar una cuidadosa *atención*. Por lo tanto, se vuelve imperativo para nosotros de, no solo entender el tipo de fe del que Él está hablando, sino también de *compararla* con la fe que nosotros "creemos" de poseer. Una vez que sepamos honestamente la respuesta a esta cuestión, podríamos también de preguntarnos: ¿Coincide nuestra fe con Su expectativa?—Y si descubrimos que no, ¿cómo podríamos adquirirla para poder *estar listos para recibirlo a Él*?

Me tomó décadas encontrar una respuesta que contestaba esta pregunta, al menos para mí, y espero que ustedes mismos reflexionen y examinen cada pasaje citado aquí en este discurso, para que puedan estar más claros acerca de esto, y que les quite cualquier duda, a como lo hizo para mí.

Una Revelación Instructiva

Después de estudiar Su Palabra por décadas, ahora tengo que admitir que en lo que encontré yo, me confirmó que yo *no tenía* la clase de fe que Él busca, porque hasta ese momento de saber esto, realicé que mi "fe" percibida, era una fe generada por mí, no la de Él, ya que se originaba y terminaba conmigo. Era una clase de fe que se forjaba en mi propia mente e intelecto, y se *entrelazaba* con mis propias ideas, y las pasaba come de ser la "Palabra de Dios," ya sea por una sotana o el título del hombre que la enseñaba, o en libros, cintas, etc., diciéndome lo que "la fe" esta supuesta a ser. Sin embargo, y, de hecho, yo no tenía ni idea de acerca de la fe que Él requiere. Me tomo años, pero finalmente entendí que *sólo Su Espíritu* puede *engendrar, generar, y producir* la fe de **Romanos 12:3** *dentro* de cada uno de nosotros si obedecemos Su Palabra en **Juan 14:26**, y en **16:13**.

Ésta es la cizaña que Satanás ha sembrado con éxito en el sistema religioso. Es por esta razón que todos los cristianos luchan, no sólo por *entender* qué es la fe, sino también por qué *no lo tienen, ni lo experimentan en su vida diaria.* Simplemente, es también porque nosotros no dejamos a Su Espíritu, a *sembrar* la buena semilla (**Mateo 13:3**; **Marcos 4:3**), que es la fe de **Romanos 12:3** cual dice:

> "Porque por la gracia [de Dios] que me ha sido dada, digo a cada uno de ustedes que no piensen de sí mismo más alto [y de su importancia y habilidad] de lo que debe pensar; sino que piense de manera que tenga un juicio sano, como Dios ha asignado a cada uno [de nosotros] una ***medida de fe*** [con un *propósito*, <u>diseñado</u> para el *servicio*]."

Si uno analiza cuidadosamente este pasaje acerca de lo *que es la fe bíblica*, según Su Palabra de arriba, nos damos cuentas de que, lo que uno percibe como "fe", no es más que el mero acto de una *creencia personal* en algo, o alguien, o en cualquier cosa o persona que pudiera ser. Esto no es nada inusual, es parte de quienes somos, PERO, a como estoy a punto de demostrar bíblicamente, ***no es*** la fe que Dios describe en la Su pregunta citada anteriormente.

La fe personal se basa en la capacidad *humana* de uno mismo, o en lo que se escucha de otros "maestros", pero aun, es *humana,* de cabo a rabo, y **no** una fe *depositada únicamente* por Dios, no la de uno, a cómo vamos a ver a lo largo de este escrito.

Mi fe vieja era solo en *creer* en cosas o gente. Eso es normal en el ser humano, pero esto, <u>no</u> *es la fe que Dios* nos ha dado de acuerdo con la escritura de Romanos citada arriba. La Suya que *viene de Él*, ***no*** de nosotros, y esto es algo que no se está enseñando en ninguna de las iglesias de que yo se. Mira a **Romanos 12:3** otra vez—Dios nos da una "medida de **fe** con un *propósito, <u>diseñado</u>* para el servicio." ¿Cuál es el propósito y el servicio? Él nos dice esto en **Hechos 26:16-18**:

"Ahora, ¡levántate! Pues me aparecí ante ti para designarte como mi siervo y testigo. Dile a la gente que me has visto y lo que te mostraré en el futuro. Y yo te rescataré de tu propia gente y de los gentiles. Sí, te envío a los gentiles para que les abras los ojos, a fin de que pasen de la oscuridad a la luz, y del poder de Satanás a Dios. Entonces recibirán _el perdón_ de sus pecados (la _salvación_) y se les _dará_ una _herencia_ entre el pueblo de Dios, la cual es _apartada por la fe en Mí_."

¿Puedes ver la _distinción_ expresada en este pasaje? La _creencia_ asegura la _salvación_; pero _solo la fe_ en _Él_ nos otorga Su _herencia, reservada_ solo para aquellos quienes la poseen. Al combinar las dos, esa claridad ahí se desvanece. De nuevo, a cómo podemos notar fácilmente, el texto diferencia que la salvación _viene_ por **creer** en el _mensaje_ del evangelio (de la salvación), y la _herencia_ por **la fe** en Jesús, **no** solo por creer de Él—es la misma diferencia entre un creyente y un discípulo—Cualquier otra explanación sería ilógico.

La Fe es Confiar en Jesús

Se puede ver claramente entonces que esta _diferenciación_ entre **creer** (la salvación) no tiene _nada en común_ con la fe en el Salvador, cual es la herencia del Reino de Dios. Él lo dice, no yo. Tengo que reiterar una vez más que, a cómo podemos observar fácilmente, esta fe **viene** de Él, **no** de nosotros, la cual tiene un _uso planeado e intencionado_ que no tiene nada en común con lo que nos han enseñado en las iglesias de la religión organizada. Ahora bien, puesto que **Santiago 1:17** nos dice que:

"_Toda_ buena dádiva y todo don _perfecto_ desciende de lo alto, del Padre de las luces [el Creador y Sustentador de los cielos], en el cual no hay mudanza [ni salida ni puesta] ni sombra de su movimiento [porque Él es <u>perfecto</u> y *nunca cambia*]".

Entonces, al contrario de lo que habéis oído en las iglesias y de otros, es lógico entonces que nosotros *no <u>podemos</u>* andar "buscándola, agregándola, o a hacerla crecer con algo"—¡ya que ella, es perfecta porque viene del Padre de las luces, no de nosotros!

Él regañó a sus discípulos por no tener una fe ni como de una semillita de mostaza. Ahora, ¿Qué, o Quien, es esa fe? **En Lucas 8:25**, después de parar el viento y la tormenta, Él:

> "Les dijo: '¿Dónde está su fe, su ***confianza*** en Mí?' Ellos tenían <u>*miedo*</u> y estaban sorprendidos, diciendo: '¿Quién es este que manda al viento y al mar, y le hacen caso'?"

Ellos sucumbieron al miedo, en lugar de <u>*confiar*</u> en Él. **Jesús es nuestra fe**, y <u>*la fe*</u> es ¡nuestra <u>*confianza*</u> en El! Esto es lo *opuesto* al *pavor* cual viene del enemigo. Él les estaba diciendo que la fe estaba al frente de ellos, y ante nosotros hoy también. Compara eso con lo que oímos en las enseñanzas religiosas de hoy—no es tan complicado a como ellos lo dicen, ¿No? Una vez que entendemos esta diferencia entre los dos elementos del <u>*proceso*</u> de salvación y nuestra herencia, es fácil determinar que los preceptos que vienen de las iglesias, es la razón por qué, nosotros hemos estado *confundiendo* la <u>*creencia personal*</u>, *con la fe de Dios*, dada libremente en **Romanos 12:3**.

Es bastante obvio entonces, por qué <u>*cualquiera*</u> puede ser salvo (*llamados, no escogidos*), ya que nosotros, como seres humanos no somos regenerados, *no <u>nacemos</u> con Su fe*, pero una vez salvos, la oportunidad de recibir una herencia está abierta para todos que son llamados a la salvación. Esta conclusión lógica no es tan compleja una vez que se aplica el sentido común con la lógica.

Dado que el *resto de este escrito* se trata *solamente* acerca de esta fe de Dios, cual va a ser _necesaria_ no solo para evitar la venidera tribulación, sino también para poder _reclamar_ nuestra herencia, a cómo será bíblicamente probado, en esta obra.

Vamos a dejar al lado entonces, el tema de la creencia cual, en origen, viene del ser humano y no significa _nada_ (ver **Juan 6:63**) en nuestra _búsqueda_ de *heredar Su Reino*. Así que, concentrémonos ahora, a *buscar la fe* de Dios que es divina y eterna. No obstante, se debe discernir que esta distinción entre salvación y la herencia—y su secuencia en el plan redentor de Dios, fue concebido desde la fundación del mundo (**Mateo 13:35**; **Mateo 25:34**; **Efesios 1:4**). Esto es fundamental, lo cual se revelará a través de la evidencia bíblica que se presentará más adelante. Habiendo ya aclarado Su plan, este libro explora la adquisición de esa fe divina que otorga esta herencia del reino, pero *solo a aquellos que la poseen*, lo que, en términos simples, significa _creer_ y tener una confianza absoluta en todas Sus promesas, incluso la de **Romanos 12:3**—tal a como creíste en Cristo Jesús (ver **Romanos 6:4**). Así es como yo _convertí_ mi fe humana a la Suya. Si tu fe flaquea, acompáñame en el camino. Jesús planteó esta pregunta en **Lucas 18:8** porque es profundamente importante—para Él, y para nosotros hoy.

La Biblia Me Asustó

Escrituras que Llaman a la Atención

Él nos exhorta en **2 Corintios 13:5**:

> "Examínese [ustedes] a sí mismo para ver si está en la fe
> y vive como uno [que está comprometido]. ¡Examínese
> a sí mismo [no a mí]! ¿O no reconocen esto en ustedes

mismos [*por una experiencia continua*] que Jesucristo está dentro ustedes, a menos que en realidad *no pasen la prueba* y sean **rechazados** *como falsos?*"

¿Qué quiere decir exactamente aquí, en "ser rechazados"? **Oseas 4:6** lo aclara:

"Mi pueblo es destruido por falta de conocimiento [de mi Ley (nuestra Biblia), donde [Yo] *revelo mi voluntad*]. Porque ustedes [la nación **sacerdotal** (ver **1 Corintios 4:8**; **Apocalipsis 5:10**)] despreciaron el *conocimiento* (de su Palabra y su voluntad), yo también los *rechazaré* para que **no sean** *mis sacerdotes*".

¿Puedes comprender ahora por qué es vital poseer y ejercer Su fe (no la nuestra)? Sin embargo, al sumergirme en Su Palabra, me sentí desconcertado al leer varios pasajes de los Evangelios, como este de **Mateo 25:11-12**:

"Después vinieron también los otros y dijeron: 'Señor, Señor, ábrenos'. Pero Él respondió: 'De cierto les digo que *Yo no los conozco*' [Nosotros *no tenemos* *ninguna relación*]".

Él se está dirigiendo aquí, a personas "cristianas", no a paganos, y no pasen por alto las *consecuencias de no conocerlo* (por Su Palabra a través de Su Espíritu). Esto no significa ser condenado al infierno, sino solo ser *excluido de ser Su sacerdote* y a *no estar en Su Presencia por una eternidad* (por tu *decisión propia*, no la de Él, según **Oseas 4:6**).

A como pueden ver, este es un asunto SERIO mis lectores, porque la mayoría de los cristianos están roncando espiritualmente, en sus bancos o sillas de sus iglesias. Durante décadas, en intentar descifrar estos dichos de nuestro Señor, esto se convirtió en mi propia ballena blanca de Acab, mientras intentaba justificar la inquietante sensación de que estos dos pasajes mencionados podrían aplicarse a mí también. ¿Puedes ver ahora por qué es ***importante*** en *tener y usar* Su Fe y no la de nosotros?

En mi experiencia, lo único que cambió En mi vida diaria después de mi salvación fue de ir a la iglesia los domingos, a reuniones los miércoles, y ayudar con cosas dictadas por la iglesia. Pero más tarde me asustó darme cuenta de que, como un bebé cristiano, yo no vi, ni pensé, ni supe que algo me faltaba para andar en mi camino cristiano porque perdí lo que **Apocalipsis 2:4** nos dice:

> "Pero tengo esto *contra <u>ti</u>*: que tú has dejado tu primer amor [has <u>*perdido*</u> la profundidad del amor que al principio tenías por Mí]".

Y mi asusto se hizo más grande y nervioso cuando leí a **Mateo 25:11-12**:

> "Después vinieron también los otros y dijeron: 'Señor, Señor, ábrenos'. Pero Él respondió: 'De cierto os digo: <u>*No los conozco*</u> [no tenemos *ninguna <u>relación</u>* (con ustedes)]".

Y peor aún, en **Mateo 7:21-23**:

> "No todos los que me dicen 'Señor, Señor' <u>*entrarán al reino de los cielos*</u> (cual es diferente de la salvación a como es discutida arriba), ***solo*** *para los que <u>hacen</u> la vol-<u>untad</u>* de Mi Padre en el cielo (que se <u>*encuentra*</u> en Su Palabra). Muchos me dirán ese día: 'Señor, Señor, ¿no hablamos en tu nombre, echamos demonios e hicimos

milagros?' Y yo les diré: '*Nunca los conocí*; aléjense de mí, ustedes que *no obedecen*' (la Palabra)."

Pero gracias a Dios, todo esto cambió cuando yo empecé a leer y estudiar mi Biblia por mí mismo con su Espíritu, no la de un hombre detrás de un pulpito. Por años, esas palabras me daban temor, pensando que tal vez eso podría pasarme a mí también. Tardé mucho en ver que solo en *conocer* Su Palabra, uno puede conocer a Jesús para poder desarrollar *esa relación* que Él *quiere* tener con nosotros—es Su Palabra que nos revela quién es Él, qué quiere, y qué le importa a Él—en **Juan 8:31-32** Él nos dice:

"Entonces Jesús dijo a los judíos que habían creído en Él: 'Si ustedes *permanecen* en mi Palabra [*obedeciendo continuamente* mis enseñanzas y *viviendo de acuerdo con ellas*, entonces] serán *verdaderamente mis discípulos. Y conocerán la verdad* [con respecto a la salvación y herencia], y la verdad (en su Palabra) los *hará libres*".

DESCUBRIENDO LA FE VERDADERA

No fue hasta que acepté Su Palabra como el único guía de mi vida, y a Su Espíritu como el único Maestro de ella cuando fue posible par me a forjar un *vínculo* más profundo con Jesús y mi Padre, aspirando a emular a Él (**1 Corintios 4:16**; **11:1-3**), e adhiriéndome a sus preceptos y viviendo como *Él quiere* que yo viva, de la mejor manera que yo pueda. Siendo tutelado por el Espíritu Santo, yo comprendí *que nada* proviene ni viene de mí—Él lo provee ***todo***, a como lo promete **Juan 14:26** y **16:13**. Créanme, esto no es tan abrumador a como parece.

Por lo tanto, mi acción voluntaria de familiarizarme con Su Palabra, el manual del usuario, por así decirlo, fue mi punto de partida para comenzar a conocer verdaderamente la Persona de Jesucristo y las múltiples facetas de Su Carácter, Voluntad, Valores y Sus expectativas de mí. Esto me animó a intentar e imitar (**1 Corintios 4:16; 11:1-3**), a como también obedecer Sus mandamientos y Su manera de hacer las cosas en mi vida diaria, tal como Él mismo modeló a Su Padre mientras Él vivió en esta tierra, no en perfección, pero de la mejor manera que yo pudiera.

Fue en este punto de inflexión que comprendí lo que **2 Juan 1:5** nos dice a todos:

> "Ahora te pido, señora, no como si te escribiera un *mandamiento nuevo*, sino [simplemente recordándote] el que hemos tenido desde el principio: que nos amemos y busquemos desinteresadamente *lo mejor para los demás*".

En otras palabras, ¡lo que Él quiere de nosotros no es nada complicado! Se trata de obedecer **Mateo 22:39-40**:

> "El segundo es semejante: 'Amarás a tu prójimo como a ti mismo [es decir, buscarás desinteresadamente *el bien mayor para los demás*]'. **Toda** la Ley y los [escritos de los] Profetas *dependen* de estos dos mandamientos".

¡Imagínense! Lo que la religión cristiana ha convertido en ciencia espacial, no es más simple que hacer lo Él me pide, en amar a Él, eternamente a como mi *primer amor* (**Apoc. 2:4**), y que trate a los demás a como a mí me gustaría ser tratado.

¡Cuánta razón tenía cuando Él dijo en **Mateo 11:25**:

> "Te alabo, Padre, Señor del cielo y de la tierra [reconozco abierta y gozosamente tu gran sabiduría], porque *ocultaste* estas cosas [estas *verdades espirituales*

(que _solo_ el Espíritu Santo lo puede hacer] a los sabios
e inteligentes, y las _revelaste_ (Él, no tu fe o la religión)
a los niños [a los nuevos creyentes, a quienes _buscan_ la
voluntad y el propósito de Dios]."

Créanme, ser un _verdadero_ cristiano no es tan abrumador a como lo ha hecho creer la comunidad religiosa.

Esto _no es_, de ninguna manera, una crítica, sino una observación. La mayoría de los cristianos se esfuerzan por memorizar **Juan 3:16**, lo cual está bien; sin embargo, Él me señaló que es no es _más importante_ que memorizara **1 Corintios capítulo 13**, ya que _Su Amor_ (no el mío) dentro nosotros es el fundamento _esencial y central_ para cumplir su _segundo mandato_ en **Mateo 22:39-40**, donde tu "Amarás a tu prójimo como a ti mismo".

Mi Vida no Cambió Mucho al Principio

Al principio, en acuerdo con mis enseñanzas religiosas, yo pensaba que _yo debía_ usar "mi propia fe", y en realidad, mi propia fe, pero eso, solo son deseos, esperanzas, al igual lo que el libro "_**Piensa y Hazte Rico**_" de Napoleón Hill—no hay diferencia. No me malentiendas, nuestro pensar sí _funciona_ en ayudar a nuestras vidas, porque Dios lo puso _dentro_ de nosotros (**Proverbios 23:7**), y vale para todos, cristianos o no. Pero Su fe, la de **Romanos 12:3**, es un regalo que yo buscaba por años y años (**Proverbios 25:2; Mateo 6:33, 7:7**) hasta que lo encontré, y ahora, lo quiero compartir con ustedes.

Buscar lo Que Dios Esconde

En **Prov. 25:2**, Él nos dice:

"Es la Gloria de Dios en ocultar un asunto, pero gloria
de los _reyes_ (_nosotros_, mira **Apoc. 5:10**) es investigarlo".

El problema con la religión sea cristiano o no, es que, en sentarse en un banco, escuchar las opiniones de otros, sus creencias personales, y las doctrinas de diferentes denominaciones sobre quiénes son Jesús, el Padre y el Espíritu Santo, ¡no deja lugar a la investigación! Es como ir a la escuela, pero en lugar de entrar al aula donde está el maestro (el Espíritu Santo), decidimos ir al patio de recreo y jugar con los demás niños, algunos en el rincón católico, otros en el protestante, los mormones, etc., etc., hasta el hartazgo. Pero si uno se esfuerza en _buscar_ la sabiduría y el conocimiento de Dios (**Santiago 1:5**). Una vez que decidas de corazón, a buscar los tesoros de Dios en Su Palabra, estarás listo para experimentar lo que nuestro Señor dice en **Mateo 7:7-8**:

> "Pedid, y se os dará; buscad, y hallaréis; llamad, y se os abrirá. Porque _**todo**_ el que pide, recibe; y el que busca, halla; y al que llama, se le abrirá".

Así es como encuentras las cosas que Él quiere que tu encuentres, y las cosas que a Él le encanta dar, como esa fe de **Romanos 12:2**, que es aquella que _**vence al mundo**_ (**Juan 16:33** y **1 Juan 2:13**).

SUPERAR PARA GANAR

Es una fe fuerte, a como dice **Lucas 18:1-8**, que nos ayuda a superar lo duro de la vida y lo feo que está por venir a este mundo muy pronto. Es la fe que _cumple_ con lo que dice **Apocalipsis 3:10**:

> "Porque [tu] has _guardado la Palabra_ de mi paciencia, Yo también _te guardaré de la hora_ de la prueba que ha de _venir sobre **todo** el mundo_, para probar a todos los que moran sobre la tierra".

Si conoces los mensajes a las siete iglesias, Jesús siempre dice: "El que *venza*" recibe su aprobación y bendición. Yo estudié unas 600 profecías—con más de 400 que ya se han cumplido al 100%—y yo no dudo que vendrán cosas malas más pronto de lo que pensamos. Eso me convenció hace años a tomar en *serio* a Dios y Su Palabra, y en averiguar ahora, no después, lo qué debo de hacer *antes* de que Él regrese.

Un Mensaje Urgente

Creo que Dios situó este mensaje en mi corazón con prisa para estos últimos tiempos en que vivimos, para compartirlo con los pocos que lo van a escuchar con una mente y un corazón abierto. Las noticias que vemos en la televisión y en los medios de comunicación apuntan a crisis en todos los ámbitos de la vida cotidiana—en el clima, la economía, el crimen, la geopolítica, guerras monetarias y financieras, y conflictos armados. La mayoría de nosotros presiente que se avecina algo malo, pero sin poder explicarlo ni identificarlo con precisión. Lo extraordinario de esto es que suma de todo esto parece haber venido y coincidido al mismo tiempo a la vez, y en un momento preciso en la historia mundial.

Sentimientos de Ahora

Estas clases de miedos no se sentían tanto hace unos pocos años (empezaron más desde 2020). Algunos están muy ocupados ganándose la vida y no se toman el tiempo de pensar en esto. Yo quiero compartirlo con los que escuchen, porque contiene un valor eterno que la mayoría de la gente parece ignorar. Me preocupa que Dios me pida cuentas de mi si yo no lo comparto con aquellos que Él y yo queremos de advertir. Yo solo puedo obedecer y confiar en que Él use estas palabras para aquellos que quieran aprenderlo, y a usarlo, a como Su Palabra lo diseñó.

ALGO NUEVO PARA MI

Estas ideas, donde, cuando fueron escritas por mí, son tan nuevas para mí, a cómo podrían serlo para ti. Yo nunca las vi a ser predicadas ni enseñadas en libros cristianos que yo leí, ni mencionadas en ninguna iglesia que yo he atendido. Instintivamente, yo sabía hace muchos años que, el cristianismo era mucho más profundo que lo que yo escuchaba del establecimiento religioso. No sabía que tan profundas estas verdades eran, hasta que terminé y edité este escrito. Así que, yo estoy aprendiendo con mi escribiendo, y ustedes en leyendo. Con esto, sigamos.

COMO CONFUNDÍ LA FE CON LA CREENCIA

En mis 50 años de ser cristiano, tardé más de 35 años en darme cuenta de que muchos cristianos dentro y fuera de las iglesias, incluyéndome a mí al principio, confunden la creencia (una *forma de esperanza*) con la verdadera fe de la Biblia. Las iglesias donde yo fui enseñan una fe que aún hoy se predica todos los domingos. Creo que la mayoría de los pastores ni tampoco saben qué es la fe verdadera según Dios—la que Él da, no con las palabras que ellos inculcan en el cerebro de las ovejas, a y *no* a como lo dice **Romanos 12:3** cual *no es* igual a la que fabricamos nosotros. Esa es la fe que Jesús se refiere y busca en su pregunta de **Lucas 18:8**. Él sabía que su Iglesia estaría en graves dificultades hoy, y nos estaba avisando por delante de ello hoy en día.

Antes de continuar, es *necesario de interiorizar* el conocimiento de por qué, nosotros confundimos la creencia con la fe. Más allá de la distorsión religiosa que asume que nuestra creencia imita la fe de

Dios, esto no la hace tal, sigue siendo inútil por ser humana (**Juan 6:63**), y por la _razón_ del por qué, Él nos la ha otorgado (**Romanos 12:3**). Él es el único que puede usar y obrar por medio de ella, y a pesar de nuestros defectos. Esta fe no puede ser _manchada_ por un esfuerzo carnal, ni por la inconstancia del espíritu humano (**Santiago 1:6**). Solo cuando nuestro espíritu se _alinea_ con el Suyo, es cuándo empezamos reflejar acerca de quién es Él, y en consonancia con nuestro compromiso y amor por Él. Es entonces cuando empezamos a ver cambios del **_dentro hacia afuera_** cuyos cambios son reales en nuestro corazón, alma, y vida, y **_no_** con ese del sistema religioso de **_afuera para al dentro_**. Es entonces cuando Su promesa de **Mateo 6:33**, empieza a manifestarse en todas las áreas de nuestra vida diaria. Esto no requiere fe, solo confianza en Él, creyendo que podemos contar con Su fidelidad para cumplirlo.

La Fe es Dentro de Ti, A Como Es Tu Salvación

En cuanto a la enseñanza religiosa errónea que nos solicita a "_encontrar, profundizar, añadir, y desarrollar_" nuestra fe, si esta fantasía tuviera una pizca de credibilidad ¿Por qué entonces Dios consideraría _necesario_ darnos una porción de fe, como se afirma en **Romanos 12:2**? A como se mencionó anteriormente, si Su fe que nos da Él, **_ya es perfecta_** (**Santiago 1:17**), ¿cómo entonces nosotros podríamos intentar a "producirla", nosotros mismos, a como me enseñaron mis iglesias? ¡Es irracional! Y si yo ya la poseo, ¿por qué yo tengo que andar buscándola en iglesias? Nunca reflexioné sobre esto hasta que Él me expuso a su futilidad. La realidad es que las obras del hombre son vanas (**Jeremías 17:5**; **Juan 6:63**; **1 Corintios 1:20**). Sin embargo, todas las iglesias a las que asistí difundían esta asnada. Como creyente novato, me tragaba este "sedante" y lo creía como si fuera una "verdad cristiana", y sin ni siquiera pensarlo.

DIOS ACONSEJA COMO LOS PADRES TERRENALES

Él es como un papá que informa a sus hijos para mantenerlos salvos y sanos en su plan de protección. Dios quiere que sepamos esto porque Él, sabe nuestro futuro a como también que son los desastres de estos últimos días, visto por venir. Para nosotros esto es difícil de entender porque Él no vive en nuestro tiempo y espacio—para Él no hay pasado ni futuro, solo _ahora_. Lo que Él vio hace 2000 años (como en esa pregunta en **Lucas 18:8**), Él lo miro a como nosotros lo estamos mirando hoy. Como seres humanos, tendemos a ver el tiempo de forma lineal, ¡pero no lo es! Todo lo malo que hicimos en el pasado está _presente_ aquí y en el ahora. Sus _consecuencias_ se están manifestando en el presente, en nuestro estado actual de hoy. **Salmos 90:4** y **2 Pedro 3:8** dicen:

> "Sin embargo, no dejéis escapar de vuestra atención,
> amados, este hecho: que para el Señor _un día_ es como
> _mil años_, y _mil años_ son como _un día_"

UNA FE QUE TRAE PROMESAS

Esto no es fácil entenderlo, pero es verídico cuando venimos a conocer Su Palabra y la naturaleza de la eternidad. Si obedecemos Sus reglas, Él cumple _todas_ Sus promesas, y Su plan para usted, aunque nosotros fallemos, haciendo todo para el bien (**Romanos 8:28**), durante el desarrollo de Su plan de salvación para cada uno de sus hijos verdaderos. Por eso Jesús habló de la fe que Él vio en algunos—como la del centurión romano (**Mateo 8:8**) o la mujer tocando Su ropa—que creyeron fuertemente y recibieron milagros (**Mateo 13:58, Marcos 6:5**). Hoy Él busca esa misma fe en nosotros si _creemos_ su promesa en **Romanos 12:3**, y tenemos el _coraje de utilizarla_.

MILAGROS HOY TAMBIÉN

Parecemos olvidar que todas esas personas que estaban a su alrededor _no tenían_ el Espíritu Santo dentro de ellos y no _tenían_ el _privilegio_ de tener Su fe en **Romanos 12:2**, por lo tanto, nosotros que tenemos Su fe, ¿cuál es nuestra excusa para no usarla? La única diferencia hoy es que Él no está aquí _físicamente_, con nosotros, pero hoy, Él sigue estando aquí por el Espíritu Santo, Si nos <u>atrevemos</u> a creer Su Palabra _personal_ en **Juan 14:26** y **16:13**.

¿Pero que, está pasando hoy? Bueno, Jesús nos dice cuál es el problema en **Juan 14:12**:

> "De cierto os digo que el que _cree_ en Mí, las cosas que
> Yo hago, él las hará también; y mayores que éstas hará,
> porque Yo voy al Padre."

Bueno, ya puedo oír los pensamientos de algunos de mis lectores:

> "Entonces les dijo: 'Sin duda me citaréis este refrán:
> ¡Médico, cúrate a ti mismo! Todo lo que hemos oído
> de tus milagros que has hecho en Capernaúm, hazlo
> también aquí en tu tierra" (**Lucas 4:23**).

Aunque yo no estoy punteando a nadie, la respuesta sencilla es que _ninguno_ de nosotros tiene _todos_ los dones del Espíritu Santo como Él los tenía (ver **Juan 3:34**; y **1 Corintios capítulo 12**). Por lo tanto, cualquiera de nosotros podemos ver, y tener milagros en nuestras vidas por _solo en creer_ Su Palabra. Yo los he visto y obtenido por 50 años, cienes de milagros pequeños y grandes. Ahora, si Él nos dice que lo único que nos falta es _creer_, y si la práctica hace al maestro, ¿por qué no empezar hoy? Si no ahora, ¿cuándo?

PODER PARA NOSOTROS

Aunque la gran mayoría de los cristianos _nunca_ han llegado a creer verdaderamente en las Palabras de Jesús y de nuestro Padre, Jesús nos dio _todo_ el _poder_ que necesitamos. En **Lucas 24:49** nos dice:

> "Escuchad atentamente: Yo enviaré la promesa de mi Padre [el Espíritu Santo] sobre vosotros; pero vosotros permaneceréis en la ciudad [de Jerusalén] hasta que seáis revestidos (_completamente equipados_) con _poder_ desde lo alto."

El mundo nos dice diariamente el mismo refrán, "¡Médico, cúrate a ti mismo!" Entonces ¿Por qué no mostramos este poder a ellos hoy, en nuestras vidas diarias siendo el ejemplo? Lo triste es que el cristianismo no manifiestan estos poderes al mundo porque la mayoría de ellos viven la _misma vida_ que los paganos. Sin embargo, ustedes mismos pueden testificar que su vida cambió de verdad después de la salvación, a como me pasó a mí. Esto es un auténtico milagro en sí mismo: una persona muerta que vuelve vivir, en tiempo real y a la vista de todo el mundo. Lo que ocurre es que el mundo nosotros mismos lo reconocemos como tal. Pero si no estamos dispuestos a comprometer nuestra integridad y honestidad _fingiendo_ creer en la Palabra de Dios y diluyendo su verdadero mensaje para evitar ofender a alguien, y, además, si no estamos dispuestos a hacer lo correcto en todo y por todo nuestro prójimo, ¿cómo podrán los cristianos dar testimonio de milagros más menores que el de ver nuestras vidas transformadas por siempre? Nuestras vidas transformadas son la prueba del poder de Jesús tiene sobre todo este mundo.

Una Vida Llena De Jesús

Jesús dijo en **Juan 10:10**:

> "El ladrón no viene más que para robar, matar y destruir. Yo he venido para que *tengan vida y la disfruten*, y la tengan *en abundancia* [hasta que este llena, incluso a rebosar]".

Es por esta promesa por lo que el diablo quiere mantener a los cristianos empobrecidos, tristes, y sin alegría, atacándolos todo el tiempo. ¿Por qué? Porque ellos no creen, o saben *nada*, acerca de la *Autoridad* que Jesús nos ha dado en **Lucas 10:19**:

> "Escuchen bien: les he *dado la autoridad* [que ustedes ***ya tienen***] para pisar serpientes y escorpiones, y [la ***capacidad*** de ejercer autoridad] sobre **TODO** el poder del enemigo (Satanás); y **NADA** les hará [en *ninguna* manera] daño."

Pero también debemos entender que esta autoridad *solo* es concedida a ***discípulos*** que *tienen y **usan** la fe de Dios*, y no para aquellos que simplemente "creen" en las palabras de otros—ya sea las de un pastor, cura, o predicador, *no las de Él*, a través de Su Espíritu. Entonces, ¿qué es la diferencia? Bien pare un discípulo, ***con fe***, el *confía*, *depende*, *se adhiere*, y ***obedece*** totalmente a Él—¿para el creyente? Bien, ellos simplemente, solo *creen* en su religión, y en lo que ha escuchado de otros, ya que *no sabe, ni conoce* la Palabra acerca de quién es Él, cuáles son Sus promesas, y que son los beneficios que Él nos da, a través de esa cruz. Pero, una vez que nuestros ojos espirituales son abiertos por Su Espíritu, es decir, cuando voluntariamente entregamos nuestra voluntad por la Suya, uno llega a la plena comprensión de que el *poder* que tiene el diablo para atacar al cristiano es dado a él cristiano mismo por su ignorancia de Su Palabra, y a través de la desobediencia a los mandamientos de Dios acerca de cómo conducir nuestra vida (**Isaías 59:1-2**; **1 Juan 5:17**).

Ahora, ¿cuál es nuestra prueba para saber si nosotros somos discípulos en vez de creyentes? Es fácil, Él nos lo dice esto en **Juan 8:31**:

> "Entonces Jesús dijo a los judíos que habían creído en Él: '*Si* ustedes ***permanecen*** *en Mi Palabra [obedeciendo continuamente* Mis enseñanzas y ***viviendo*** de acuerdo con ellas, entonces] son ***verdaderamente mis discípulos'*."

(vea **Juan 13:35** y cuál debe ser el *motivo* por *obedecer* en **Juan 14:15**, y **14:21-23**).

El Diablo Solo Puede Atacar por Nuestra Desobediencia

Si uno ignora todas estas condiciones para recibir esta autoridad, cada cristiano son presa fácil para hacer la voluntad del diablo (**Romanos 6:16-22**) y así dándole poder al diablo de arruinar nuestras vidas—entonces, ¿cuál tu elección, vivir con Su Autoridad, o a la tuya?

Yo También Tardé en Verlo

No te preocupes, la mayoría de los cristianos están al igual. Yo no sabía nada acerca de esta autoridad al empezar mi vida cristiana, pero de poco a poco, a través de los años leyendo Su Palabra, lo descubrí por mí mismo, dejando que Su Espíritu me la explicara (**Lucas 24:27**, **24:45**; **Juan 14:26**, **16:10**). Empecé con leer la Biblia de cubierta a cubierta una vez al año, luego cada seis meses, en menos de una hora al día. Los cambios en mi vida y mis problemas fueron tan inmensos y asombrosos donde hoy, yo lo haría, aunque me tomara 12 horas diarias.

No lo Planeé, Pasó por Sí Mismo

¿Planeé esto? No, yo no tenía _ninguna idea_ de qué pasaría una vez que empecé a leer Su Palabra, pero los resultados has sido increíbles. ¿Mi consejo? Ora antes de leer, pide al Espíritu que abra tu corazón y mente para comprenderla, a como también, tus ojos y oídos espirituales.

Él es mi testigo—todo pasó en sí mismo, sin tratar de hacer "algo", o por mi propio esfuerzo, ya que Su Espíritu lo hizo **_todo_** dentro mí. En mis 50 años de ser cristiano, nunca oí un sermón, charla, o estudio sobre esto—que _solo Dios puede hacer esto_, no nosotros mismos o tu iglesia.

Su Palabra Me Cambió

La conjunción de todos esto es mi motivación en escribir este mensaje. Yo no culpo a iglesias ni a pastores—creo que ellos tampoco lo saben, a como yo fui antes. Todo esto se hizo realidad para mí, solo por los últimos 12 años por simplemente permitiendo que Su Palabra llene mi mente y mi corazón. **Juan 6:63** dice:

> "El Espíritu es el que da vida (no su iglesia o su religión); la _carne_ no aprovecha _nada_. Las Palabras que Yo os he hablado _son espíritu_ y _vida_ [proporcionando vida eterna]".

Solo Su Palabra viva pudo cambiarme a mí, de **adentro hacia afuera**, **_no_** al revés, a como enseña la religión en iglesias cuales que yo atendí.

¿Por Qué es Difícil a Tenerlo?

¿Por qué cuesta tanto a vivir en esta realidad, ya que **todo esto** es gratis para todos Sus hijos? Otra vez más, **Oseas 4:6** lo explica:

> "Mi pueblo es _destruido_ por _falta de conocimiento_ [de Mi ley (nuestra Biblia), donde Yo _revelo Mi voluntad_]. Por cuanto _ustedes_ [la _nación sacerdotal_ (vea **1 Pedro 2:9**; y **Apoc. 5:10**)] han _rechazado_ el conocimiento, Yo también los **_rechazaré_** para que _no sean_ Mis sacerdotes".

La Desobediencia Construye un Muro Entre Él y Nosotros

Nuestro Señor ofrece innumerables ejemplos del Antiguo Testamento—la _obediencia_ de Abraham, Isaac, Jacob y el rey David; la _desobediencia_ de Caín, la esposa de Lot, el rey Saúl, e innumerables reyes más, en ambos reinos de Israel.

Optar por la _desobediencia_ es _escoger_ el juicio de **Oseas 4:6**, cual no solo nos exilia de su _protección y provisión_, pero de Su bendición, a como le pasó al hijo pródigo de Su parábola. Pero no solo esto, porque, también pone en _peligro nuestra herencia_, a como esos esclavos de Egipto, quienes perdieron la suya. **Isaías 59:1-2** nos dice porque pasa esto:

> "¡Escuchen! El brazo del Señor no es demasiado débil para no salvarlos, ni su oído demasiado sordo para no

oír su clamor. *Son sus ofensa*s los que los han **separado** *de* Dios. A causa de esos pecados, Él se alejó y Él, ya **no** los escuchará".

¿Es Dios injusto? No. Si un piloto *rechaza* a leer el manual del avión que el vuela, y se estrella, ¿es eso la culpa del fabricador Boeing? En verdad, nada de todo esto es complicado, o difícil de entender.

CREER EN SU PODER CAMBIA TODO

Si nosotros *rechazamos* a oír sus advertencias, ¿cómo se puede culpar a Dios por no en cumplir Sus promesas? En **Isaías 58**, Él dice como Él anhelaba que su pueblo Israel fuera obediente para poder desatar sobre ellos todas sus promesas, pero no, ellos a como demasiados cristianos hoy, *rechazaron la obediencia* de Su Palabra. Entonces, no es sorprendente de que ellos, a como nosotros hoy, no vivían la vida de **Juan 10:10** porque *no creen*, ni *usan* la fe que Él nos da en **Romanos 12:2**, a como también el *poder* de Su autoridad de **Lucas 10:19**. Solo nosotros podemos quitar esa pared de separación entre Él, y nosotros, erigidas por la incredulidad, y la desconfianza de sus promesas en Su Palabras, a como tampoco a *depender* en Él en todo y por todo (**Salmos 5:11, 9:10**; **Romanos 9:33, 10:11**).

NO ES INSTANTÁNEO, PERO SÍ, SIMPLE

Ya sea un pequeño contratiempo o una crisis monumental, no se preocupen—estas transformaciones no se materializan como una caja de avena instantánea. Es una odisea a medida de una determinación personal, única para cada uno de nosotros. Sin embargo, si atendemos a, y obedecemos, Su Palabra nos evitará la experiencia, y el destino de los peregrinos del Éxodo.

Esto se ilustra y se ve claramente en la historia de ellos en el Éxodo—un viaje desde Egipto (nuestro lugar cuando venimos a Jesús) hasta la Tierra Prometida en Canaán, que no debería haber tomado más que unas pocas semanas, tomó más de 40 años. Sin embargo, *solo dos*, que no fueron tercos ni rebeldes, de más de 600,000 esclavos judíos, entraron viniendo a experimentar la vida que Él prometió en la Tierra Prometida, cual, para nosotros hoy, es Su promesa que se encuentra en **Juan 10:10**.

MUCHOS LLAMADOS, POCOS ESCOGIDOS

Reflexionen sobre esto—de 603,550 judíos, solo *dos* llegaron a la Tierra Prometida. Esta proporción desproporcionada del pueblo de Dios que respondió al *llamado* de Moisés para ser salvado de la esclavitud es a lo que nuestro Señor se refería cuando decía: "Muchos son llamados, pero pocos los escogidos". Para nosotros, alcanzar la Tierra Prometida es *experimentar*, personalmente, la vida abundante de **Juan 10:10** en *esta vida*, no en la venidera.

En **Números 1:3**, Dios ordenó hacer un censo de todos los esclavos liberados de veinte años o más, y el número total de todas las tribus fue de 603,550 (**Núm. 1:46**). Más tarde, en el **capítulo 13**, Moisés envió a los 12 espías a Canaán para inspeccionar la tierra. Por lo tanto, podemos ver fácilmente que 603,548 *murieron* en la vid, antes de alcanzar el propósito de Dios para ellos. Algo en qué pensar *si queremos* lo mejor de lo que Él tiene para ofrecer a *cada hijo* de Él.

BUSCA PRIMERO A DIOS

Hay muchas instrucciones, pero la más *importante* de hoy se encuentra en **Mateo 6:33**:

"Pero primero y más importante, busca (persigue, _trabaja_ por) el _reino de Dios_ y Su rectitud [_manera de hacer las cosas_ bien—la actitud y el carácter de Dios], y _todas_ (sin excepciones) estas cosas (tu bienestar, salud, finanzas, etc.) te será _dado_ también."

Seamos honestos, ¿qué sucede en la vida de la mayoría de las personas mundanas que llegan a Cristo? Sí, seguimos esperando y en apoyarnos que el mundo y nuestras propias esfuerzos y habilidades _proveerán por nosotros_, ¿no es así? Yo estuve allí, lo hice allá, pero ya no, gracias a Dios Todopoderoso porque yo ya he _comprobado_ la verdad de esta promesa a ser veracidad cada día de mi vida.

LECCIONES DEL PASADO

En **Hebreos**, los capítulos **3** y **4** nos explica por qué _no vivimos_ la vida de **Juan 10:10**, ni la habilidad de usar nuestro _poder_ en **Lucas 24:49**, o la autoridad de **Lucas 10:19**.

Hebreos 3:18-19 nos dice:

¿Y a quiénes juró [un juramento] que _no entrarían_ en su reposo, sino a los que _desobedecieron_ [aquellos que _no estaban dispuestos_ a oír Su Palabra]? Vemos, pues, que ellos no pudieron entrar [en Su reposo—la tierra prometida] por su _incredulidad_, y no dispuestos a _confiar_ en Dios".

Estas palabras de Él son bastante claras, ¿no creen? Pero, antes de profundizar más en todo esto, establezcamos cual fue Su _objetivo y propósito_ en cuanto a _por qué_, Dios _escribió_ el Antiguo Testamento. Este plan acerca del V.T., lo hizo para nosotros hoy, por la sencilla razón de querer ilustrar las *lecciones* dibujadas en las historias ahí, que debemos de *aprender*, como hijos de Él. Muchas de esas narraciones acerca de los patriarcas o reyes, están *veladas* (**Prov. 25:2**) en casi todos los libros del Antiguo Testamento, desde Génesis hasta Malaquías.

Romanos 15:4 nos dice:

> "Porque las cosas que se *escribieron* antes fueron escritas para *nuestra enseñanza* a fin de que, por la paciencia y la consolación de las Escrituras, tengamos esperanza y abundemos en *confianza en sus promesas*".

Él nos da la confirmación acerca de este propósito del Antiguo Testamento en **1 Corintios 10:6**:

> "Ahora, estas cosas les acontecieron a ellos como **ejemplo** y **advertencia** [para **nosotros**]; y fueron escritas para nuestra **instrucción** [Para ***amonestarnos*** y ***equiparnos***], a quienes les han alcanzado los **fines** de los siglos".

Él nos está señalando ejemplos de la clase de conducta que son ofensivas para Él, esas cosas que *no deberíamos* hacer hoy, **SI** nosotros *deseamos* y *buscamos* una comunión con Él, las 24 horas del día, los 7 días de la semana. Quienes anhelan esto, deben a conocer *todo* el Nuevo Testamento, que nos proporciona sus *reglas*, *ordenanzas*, *y condiciones* para forjar una vida que no le ofenda a Él. Su motivo es por tu beneficio, no la de Él, y para no cortar Su compañerismo contigo. Aunque es un estudio diferente, la historia de Job es acerca de lo que pasa cuando uno se *separa* de Él, y cae a las manos del enemigo.

CAMBIO IMPULSADO POR LA PALABRA

Este es el motivo que me impulsó a escribir este mensaje. Por mucho que lo intente, las religiones, las denominaciones y las sectas seguirán haciendo lo de siempre, vendiendo a Dios a las masas como si fuera una mercancía, porque, seamos sinceros, es un negocio muy lucrativo. Tengan en cuenta su advertencia en **Colosenses 2:18**:

> "Que nadie os prive de _vuestro premio_ [vuestra _libertad y tu herencia_ en Cristo] insistiendo en una falsa humildad y en la adoración de seres divinos, detallando visiones que supuestamente ha tenido [para _justificar_ su autoridad], inflado de orgullo por su mente carnal."

En mi experiencia, lo único que hizo una diferencia en mi relación espiritual con Dios fue únicamente al _sumergirme_ en su Palabra y dejar que Su Espíritu la _impregnara_ en todo mi ser.

POR QUÉ ESCRIBO ESTO

Antes de seguir, quiero que sepas acerca de qué se trata este discurso. No lo pierdas de vista—este escrito es una _advertencia_ seria. Explícate tú mismo por qué tantas vidas cristianas son, y están tan arruinadas, a como yo miré en mi propia vida _después de ser salvo_. Pero gracias a Dios, yo deje de obstruir su plan para mí, y Él me enseñó a cómo dejar todo eso atrás. Decidí a desviarme del camino en que yo andaba en este mundo, a causa de mi _desconocimiento_ de Su Palabra. Lo he y voy a citarlo a menudo, y vale la pena repetirlo, pues este versículo revela _por qué_ nuestra existencia cristiana languidece en el aquí y ahora, además del peligro real de ser desheredados por _no tener una comunión_ plena con Él. Esto es el _resultado_ de ignorar su advertencia en **Oseas 4:6**:

"Mi pueblo es *destruido* por falta de *conocimiento* [de Mi ley (nuestra Biblia), donde Yo *revelo* Mi *voluntad*]. Por cuanto *ustedes* [la *nación sacerdotal* (vea **1 Pedro 2:9**; y **Apoc. 5:10**)] *rechazan* el conocimiento, Yo también los *rechazaré* para que *no sean* Mis sacerdotes".

DIOS DESEA QUE LO RECUERDES

Te puede molestar, pero Dios quiere que **Oseas 4:6** te dé a ti, forma, modo, y carácter a tu *corazón y mente* para que tu puedas calificarte a ser Su sacerdote por el resto de tu eternidad. Esta transformación dentro de ti se convertirá en la herramienta y la vara de medir tu progreso, cual te enseñará a discernir la *diferencia* entre establecer una verdad bíblica, o el error religioso.

DOS VERSÍCULOS PRUEBAN ESTA VERDAD

Como ya quizás habrás notado, yo trato siempre de usar dos o más escrituras para respaldar el mensaje que Él dice, según Su regla para *confirmar* una verdad en Su Palabra. Dios requiere que usemos dos o más versículos para probar la autenticidad, a como lo dice en **Deuteronomio 19:15, Mateo 18:16, 2 Corintios 13:1**:

"*Cada verdad* deberá ser sostenido y confirmado por el *testimonio* de dos o tres testigos." (También en **1 Timoteo 5:19; Hebreos 10:28**).

O sea, para *cualquier* otro tema bíblico que sea discutido, necesitamos dos o más versículos que digan lo mismo y confirmen la verdad del mensaje.

ERRORES EN LAS IGLESIAS

Esta Su manera de autenticar la verdad y la lógica de Dios detrás de las escrituras para autenticar Sus promesas y plan de salvación en revelado en Su Palabra y especialmente para eliminar falsas doctrinas sobre lo _qué es_, y lo _qué no es_ la salvación. Esto es fundamental para evitar las enseñanzas que están _basadas únicamente en un solo pasaje_, como lo atestiguan cada secta y cultos de cristianos falsos en este mundo.

Esto _salvaguarda_ a cada hijo de Dios a no ser engañado y extraviado por cualquier falsa religión o grupo religioso (**2 Cor. 11:3**; **Efe. 4:14**). Por ejemplo, los mormones dicen que el verso, "tengo otras ovejas" en **Juan 10:16**, "atestigua" que la iglesia mormona es la "verdadera" iglesia de Dios, pero no hay _ningún otro versículo_ en la Biblia que lo apoye o prueba esto—Él solo estaba hablando de los gentiles que Pablo evangelizó después de la resurrección. Esto, en verdad es absurdo, pero este argumento casi me convenció mí, y ser convertido a uno de sus miembros por no saber la verdad de Su Palabra. O, en el caso de los adventistas del séptimo día, ellos basan casi todas sus doctrinas alrededor del sábado, pero en **Colosenses 2:16-18**, Él nos dice:

> "No dejen que _nadie_ los juzgue usted por lo que comes o bebés, con respecto [la observación de], a un día de fiesta, luna nueva o _sábados_. Estas cosas solo son _una sombra_ de lo que va a venir, y solo tiene un _valor simbólico_; pero la substancia [la realidad de lo que está _representando_] pertenece a Cristo. No dejen que _nadie_ los _defraude de tu premio_ (nuestra herencia en Cristo)".

> (Aún mejor lee todo el capítulo de **Colosenses 2** para ver cómo ellos derrocan estas ideas).

Solo les doy unos pocos ejemplos de estos engaños astutos e insidiosos, presentes en todas las religiones que solo buscan a tener más miembros que paguen. Permítanme relatarles mi propio engaño—mientras intentaba yo cimentar mi propia casa espiritual en la fe cristiana, dos jóvenes misioneros mormones me convencieron de que su iglesia mormona era la "única iglesia verdadera" con base en ese solitario versículo de **Juan 10:16**, arriba mencionado. Solo el sentido común revelaría que Dios no se quedó de brazos cruzados hasta alrededor de 1844 para "restaurar la 'verdadera' iglesia" después de que millones de gente se fueron al infierno mientras Él esperaba por José Smith. ¡Es una idea completamente ridícula, si no descabellada! Sin embargo, 15 millones de personas o más, no están de acuerdo que lo es.

La misma regla se aplica a la doctrina de confesión en la iglesia católica, o a los de testigos de Jehová, los bautistas, etc. *Cualquier* cristiano que *conoce* su Biblia puede refutar *cada* una de las doctrinas falsas en todas estas religiones, pero estas modalidades nos alejarían del tema más importante que estamos tratando aquí.

LA SALVACIÓN NO ES LO MISMO QUE ENTRAR AL REINO

Otro grave error que enseña la religión cristiana es la idea de que al venir a la cruz para ser purificado de los pecados y alcanzar la salvación, se obtiene un pase de entrada al Reino. ¡Nada más lejos de la verdad! Desafío a cualquiera a encontrar dos pasajes bíblicos que afirmen esto, ya sea de forma directa o implícita. Por el contrario, nuestro Señor Jesús se esforzó en ilustrar el Reino como algo que se debe adquirir, a lo largo de los evangelios. Para el discípulo quien es *educado* espiritualmente *por Su Espíritu*, estos son fáciles de detectar. Pero ¿qué pasa con esos otros errores que se enseñan en estas iglesias, que son sutiles y, en realidad, mentiras descaradas?

Cuando yo vine a Cristo, mis iglesias me enseñaron que la salvación automáticamente da, la ecuanimidad de entrar al reino de Dios, como que si la salvación y el reino son sinónimos. Me tomo más de 40 años de descubrir que esto es un error muy grande. Esto no es así. Jesús prueba la ofuscación y la trampa de esta presunción en **Mateo 13:44**:

> "El reino de los cielos es _semejante_ (no lo _mismo_) a un tesoro [muy precioso] _escondido_ en un campo, el cual un hombre halla y lo vuelve a esconder; y gozoso, va y _vende todo_ lo que tiene, y _compra_ aquel campo [asegurando el tesoro para _sí mismo_]".

Lo primero que debería saltar a tu mente es que esta fortuna _no fue comprada_, pero si, el campo donde estaba fue lo que debía ser comprado, no el tesoro, algo que es importante de entender. Para comprender esta parábola, imaginen el campamento judío en el desierto, pero dentro de ese campamento, y el tesoro de este campamento era el Tabernáculo de Dios que estaba presente en dicho campamento. Entonces, ¿cuál es su significado? No es complicado, significa que _solo aquellos que **trabajaban**_ en el Tabernáculo podían estar en la presencia de Dios.

Ahora, si el reino es parte de tu salvación, podríamos escribir **Mateo 13:44** así:

> "La salvación es _semejante_ a un tesoro [muy precioso] _escondido_ en un campo, el cual un hombre halla y lo vuelve a esconder; y gozoso, va y **_vende todo_** lo que tiene, y **_compra_** aquel campo [asegurando la **_salvación_** para _sí mismo_]".

Ahora, lo primero que debería saltar como una garrapata y pegarse a tu cara es—¿qué tuvimos que vender, tú o yo, para comprar nuestra salvación? ¡Nada! Entonces, esta idea necia de que la salvación es igual al, o que te da el derecho de entrar Reino no tiene nada en común entre ellos. Por lo tanto, esta idea no tiene *ningún* sentido.

Sin embargo, a cómo van a ver, al final de este escrito, usted percibirá lo que nuestro Señor estaba tratando de decir a cada uno de Sus discípulos, es acerca de cuán valioso este reino es, y que usted *tiene que adquirirlo* porque **no es gratis**. Su Palabra soporta el concepto que la salvación en sí sola, no le da a *nadie* ningún derecho de entrar al Reino. Esto es sumamente importante a distinguirlo y entenderlo, porque este conocimiento determinará *dónde*, no *cómo*, uno vivirá en la eternidad después de que dejemos este mundo, ya sea por el rapto o por la muerte. Lo probaré bíblicamente, la verdad de que, el Reino de Dios, no tiene *nada que ver* con el hecho de haber recibido nuestra salvación gratuita por la obra de Nuestro Señor en la cruz.

¿Por Qué el Reino es Diferente?

Es fundamental comprender que la salvación no garantiza automáticamente la entrada al Reino de Dios si no queremos ser engañados y privados de nuestra recompensa (**1 Corintios 9:24; Filipenses 3:14; Colosenses 2:18**); esto determina dónde pasaremos la eternidad, no cómo. Lo demostraré con la Biblia: Jesús habla extensamente en los cuatro Evangelios sobre la importancia de comprender la naturaleza del Reino. Un simple estudio de Su Palabra, comparándola con lo que se enseña en las iglesias, revela que las enseñanzas de los pastores y de los seminarios cuales están plagadas de errores humanos con respecto a la diferencia entre ambos. Esto demuestra que si el Espíritu Santo fuera el único maestro, no existirían cientos de religiones divididas, que enseñan cosas diferentes entre sí mismos.

Solo un estudio simple de Su Palabra, y no de las opiniones de un pastor, predicador o maestro religioso, es que, en general, la mayor parte de su conocimiento bíblico, lo han aprendido en instituciones humanas, no solo a nivel intelectual, sino también de los escritos de otros hombres, filósofos, libros y/u otras fuentes de información religiosas que, dados sus obvios errores teológicos, NO pueden de venir del Espíritu, o de la Palabra de Dios. Esto es fácil de probar, porque si estos errores vinieran de Su Espíritu, no habría ninguna desviación en sus enseñanzas, ni tampoco las divisiones que existen entre ellos (**Hebreos 13:8**; **Fil.1:27**; **Efe. 4:4**).

El Espíritu es el Que Nos Enseña

Dios no usa _ninguna_ religión para enseñar a los santos del Nuevo Testamento—eso fue solo para al pueblo judío en el Antiguo con el sacerdocio de Levitas. Si ese sistema fuera igual por hoy, ¿por qué Él entonces, nos dio Su Espíritu dentro de nosotros para enseñarnos (**Juan 14:26**, **15:26**, **16:13**)? Jesús tuvo que explicar a los judíos religiosos el espíritu de la ley, no la de la piedra, que el establecimiento religioso lo hicieron a ser un *objeto de adoración* (un ídolo) para los fariseos. Hoy, Su Espíritu hace lo mismo por nosotros, a como Él lo hizo con Sus discípulos. Lo probaré en este escrito.

CAPÍTULO DOS

Evitando el Juicio de Oseas 4:6

La Salvación No Otorga el Reino

Usemos un ejemplo para aclarar este error de mezclar la entrada al reino de Dios viene con la salvación, en solo mirar el significado de las palabras originales en griego. En **Lucas 19:9**, la palabra traducida como "***salvación***" es (***sōtēria***) que significa: "***rescate de enemigos*** (como de Satanás), *protección, seguridad, salvación.*" Ahora, evaluemos la palabra "*Reino de Dios*" tal como se utiliza en **Mateo 3:2**:

"**Reino**" (*basileia*) significa: "**poder** Royal, dominio, gobernar".

"**de Dios**" (*ouranos*) es: "*el **cielo** con todo lo que vemos en ella.*"

¿Ves? No son lo mismo. Guárdalo en mente, porque **Apocalipsis 22:12-15** demostrará que en saber acerca de esta diferencia, va a decidir *dónde* viviremos eternamente. Esto es súper importante de entenderlo.

La Salvación Descrita

Ahora bien, contestemos esta pregunta: ¿contra qué estamos salvados, y cuál es el contexto y significado en Su Palabra, cuando

Él nos declara salvos? Bueno, Él nos da las respuestas a esta pregunta en muchas escrituras, así que escojamos solo una, usando la Biblia Amplificada, que es la traducción más cercana a su significado griego original, y su implicación a cómo es usada en Efesios 2:4-5, en la siguiente manera:

> "Pero Dios, que es [tan] rico en misericordia, por su grande y maravilloso amor con que nos amó, aun cuando estábamos [espiritualmente] muertos y separados de Él, a causa de nuestros pecados, Él nos hizo [espiritualmente] vivos juntamente con Cristo [por Su Gracia—Su favor y misericordia inmerecidos—tú has sido salvado *del juicio* de Dios)".

El segundo testigo, en **Romanos 5:9**, lo confirma:

> "Por lo tanto, habiendo sido ahora justificados [declarados libres de la culpa del pecado] por su sangre, [cuánto más cierto es que] seremos **salvos** de la **Ira** de Dios por medio de Él (Jesús)".

MÁS ALLÁ DE LA SALVACIÓN ESTÁ LA ELECCIÓN.

A menos que comprendamos que ser salvo no significa *ser elegidos*, esta ignorancia erigirá un muro cual separa *un súbdito* a la de un *hijo del Rey*, lo cual que nos impedirá a alcanzarlo. Satanás ha tenido mucho éxito en este aspecto, cegando a las ovejas ante este hecho, mediante la habilidad de la religión de insinuar cosas que no están escritas, definidas, ni implícitas, en la Palabra de Dios. En Nehemías 9:7, Dios afirma que Él *eligió* a Abraham usando la palabra hebrea (*bāḥar*), que simplemente significa "*ser escogido*, *seleccionado"*. Ahora bien, en Mateo 22:14, nuestro Señor usó la palabra griega *(eklektos)* cuando dijo:

"Muchos son *llamados*, pero pocos *escogidos*", que significa lo mismo que en Hebreo: *escogido, elección, selecto,* es decir, el *mejor de su clase,* (entre el linaje de los llamados) *excelencia, preeminente.* Ambas lenguas, con una ligera modificación del hebreo (*bāḥîr,* en lugar de "*bāḥar*"), son intercambiables con la palabra "*elegido*".

No es necesario insistir en que cuando nuestro Señor dijo: "muchos son *llamados*", usando la palabra griega *(klētos)*, que significa "*llamados*", se refiere a *todos* los llamados a *la salvación, no a la elección.* ¿Por qué? Es tan simple como que primero, hay que *aceptar* el llamado y luego *elegir* a ser un *electo* que solo nosotros mismos lo podemos hacer, por solo *cumplir* con los requisitos del cargo y la oficina. Esto es lo que dice en 1 Corintios 12:28-30:

> "Así que, Dios ha designado ([*tithēmi*] *establecido, ordenado,* pero no necesariamente aceptado) y colocado en la iglesia [para Su propio uso]: primeramente, apóstoles [*escogidos* por Cristo], segundos profetas [aquellos que predicen el futuro, aquellos que anuncian un nuevo mensaje de Dios al pueblo], terceros maestros, luego los que hacen milagros, luego los que tienen dones de sanidades, los ayudantes, los administradores y los que hablan en diversas clases de lenguas [desconocidas]. ¿Son *todos* apóstoles? ¿Son *todos* profetas? ¿Son *todos* maestros? ¿Son *todos* hacedores de milagros? ¿Tienen *todos* dones de sanidades? ¿Hablan *todos* en lenguas? ¿Interpretan *todos*?"

Es obvio que la respuesta es ¡NO! Y por la misma razón, no todos los que *son llamados* a la salvación *serán* escogidos, ni formarán ser parte de *los elegidos*, a menos que _uno mismo lo elije_ a comprometerse con Su llamado. En mi opinión, esto no es ciencia espacial, ni debatible desde el punto de vista del sentido común. Así que dejo esto entre el lector y Dios para que decidan lo que Él te está diciendo en Su Palabra.

EL FUNDAMENTO DE NUESTRA SALVACIÓN

Ahora, avancemos a establecer cuál es el cimiento de nuestra salvación:

> "Es por _gracia_ [la extraordinaria compasión y favor de Dios, porque es Él quien te _atrae_ a Cristo (ver Juan 6:37; 44; y 65)] que has sido salvo [de hecho liberado DEL _juicio_ (la Ira de Dios)] a través *de* _creer_. Y esto [la salvación] no es de ustedes [no por su propio esfuerzo], sino que es el [*inmerecido, _gratuito_*] don de Dios" (Efesios 2:8).

Esto no se trata acerca de lo que pensamos o nos imaginamos, sino del ***por qué***, Él nos salva, cual es de Su Ira de Su juicio solamente por Su Gracia. Y si dejamos que Su Espíritu trabaje dentro de nosotros, nuestra vida mostrará esta obra de Él, a través de la **_obediencia_** de Su Palabra (si la conocemos).

TRATAR DE SER COMO ÉL

La realidad es que debemos de imitar a Jesús (**1 Corintios 4:16** y en **11:1**;), a como nos dice en **Efesios 5:1**:

> "Sean, pues, ***imitadores*** de Dios [copiadle y sigan Su ejemplo], como hijos amados [imitan a su padre]" (también en **1 Corintios 11:1 y 4:16**).

Entonces, ¿en qué manera lo imitamos? Bueno, recordemos el **capítulo 1** de **Génesis**, que dice—Y *dijo* Dios", ¿y qué sucedió? ¡Su Espíritu hizo que sucediera! ¿Cómo? A la misma manera que Él nos dice en **Hebreos 11:3**:

> "Entendemos que los mundos (universo, eras) fueron enmarcados y creados [formados, puestos en orden y equipados para su propósito previsto] por la *Palabra* de Dios, de modo que *lo que se ve*, no fue *hecho de cosas que son visibles*".

Por lo tanto, cuando declaramos y afirmamos las promesas en Su Palabra con *nuestra boca* cual proceden de corazón, donde reside nuestra *convicción*, en lugar de entretenerlas en nuestras mentes. Dios ha prometido que Él escuchará cada oración y Él lo cumplirá. Nuestras oraciones también podrían venir o incluso, ser impulsadas por Su Espíritu (léase **Romanos 8:26**). Y claro que sí, esto requerirá práctica antes de que se convierta en una *nueva forma* de *vivir* (véase **1 Samuel 16:7**; **Proverbios 21:2**; **Mateo 15:11 y 18**).

SOLO SU PALABRA ES LA VERDAD

¿Por qué digo todo esto? Sencillamente, para que empecemos a creer que Su Palabra es la ÚNICA autoridad que debemos aceptar, seguir, y obedecer, y el *árbitro* de toda la verdad, no las ideas o las religiones de hombres. Estas no son "mis" ideas, opiniones, o creencia—son de Él, a como está escrito en Su Palabra. Si no aceptamos esta verdad, entonces cualquier creencia religiosa vale, y es por esto por lo que hay miles de religiones, sectas, y grupos cristianos. Yo no busco, ni cuento por nadie para que "estén de acuerdo" conmigo, sino para que tú lo investigues por ti mismo, como los discípulos de Berea en **Hechos 17:11** lo hicieron:

"Ahora bien, estas personas eran más nobles y de *mente abierta* que las de Tesalónica, de modo que recibieron la Palabra [de salvación por medio de la fe en Cristo] con toda solicitud, escudriñando diariamente las Escrituras para ver si estas *cosas eran así*"

Fe de Corazón, no de Mente

Más aún, si pedimos al Espíritu que confirme esto, y *creemos* que Su presencia es una *realidad* en nuestra vida diaria, y dentro de nuestro espíritu (con la fe de **Romanos 12:3**), sabrás que lo que Dios dice, lo cumple, y desempeña lo que dice. Entonces, en acuerdo con **Juan 14:26** y **16:13**, Su Espíritu te *cumplirá* Sus planes de salvación y la enseñanza para tí, para que los tomes en serio y los vivas en ella cada día. Ahora que ya hemos dejado eso en claro, dejemos que la Palabra de Dios nos guíe a través de Su método para ver la distinción entre lo que es *creencia/esperanza*, y lo que es *una fe verdadera*.

Qué es la Fe en Verdad

No es de casualidad que Dios define la fe en **Hebreos 11:1-2**:

> "Porque por esta [*clase* de] fe, los hombres de la antigüedad, alcanzaron la aprobación [divina]".

Y en **Romanos 10:17** nos dice a cómo **obtenerla**:

> "Así que la fe viene por el *oír*, y el oír viene por la *predicación* (en la Biblia) del mensaje acerca de Cristo".

Piensa simple—fe es confiar en lo que esperas, como un *recibo* de algo que *no ves*. Venga a *escuchar* Su Palabra cuando la leemos.

Si yo *confío* en la garantía de un carro, ¿por qué voy a dudar del Creador? Pero, si *confundimos* nuestra creencia o esperanza—a como a un deseo—a ser la fe, lo siento, pero eso no es ni la fe, ni una certeza. Eso es fácil de ocurrir si mi dependencia está en mi iglesia o en mis propios esfuerzos y no en Su Espíritu.

La Fe Verdadera no Se Busca, se le Añade, o la Crece

Al principio, yo creí que la fe debía de ser "enseñada " en mi iglesia. Pero ahora que yo entiendo Sus caminos, ¿Por qué voy a buscar algo que *ya lo tengo* de acuerdo con **Romanos 12:2**? Pero eso fue el resultado de mi dependencia en pastores y libros, tragándome opiniones de otros, en vez de dejar al Espíritu a enseñarme. Desde el siglo III, los monasterios y seminarios han creado un sistema que han dejado a las ovejas en una ignorancia bíblica, en vez de la verdad. **Isaías 54:13** y **Juan 14:26**, y **16:13**, *nos promete* que Dios nos va a enseñar **directamente**, pero desafortunadamente, este sistema de religión ha reconstruido otro **Génesis 3:1-7**, cuando la serpiente engañó a Eva con palabras torcidas. Ella escuchó mal; nosotros aprendemos a la misma manera. La historia lo prueba. La historia revela esta falla religiosa, y no creo que sea obra de malicia, sino de un afán como el de Eva que salió desastrosamente. Créanme, no es que soy *anteiglesia*, sino más bien en favor por la verdad. La Palabra de Dios, *sin mediación humana*, nos capacita para vivir con valentía.

Dios dejó a sacerdotes guiar en el Antiguo Testamento, sabiendo que ellos iban a fallar, hasta que Jesús, el "*único* Pastor" (**Jeremías 34:20-23**), lo aderezó. Hoy, no necesitamos filtros religiosos. Las verdadera Iglesia (compuesto de discípulos, no "creyentes") ayudan a unirnos y adorar (**Efesios 4:11**), pero cada uno de nosotros *no somos* nuestros propios maestros principales—pero el Espíritu sí es. Depender de hombres trae el mismo engaño de Eva. Reitero, esto no es contra iglesias, es para quitar ese velo religioso enfrente de Su Verdad. Su Palabra directa nos hace fuertes. Esa es una fe que vale la pena perseguir.

Disparidad entre Creer y Tener Fe

Antes de seguir, hay que entender que al confundir el creer, con tener fe—a razón de ideas religiosas falsas—*no significa* que es la fe que Dios busca dentro de nosotros. Él nos la da, y solo Él puede **_usarla_** para *nuestro beneficio* (**Romanos 8:28**), y no por nuestros propios esfuerzos humanos débiles (lee **Santiago 1:6**). Solo cuando nuestro espíritu *se _une_* al Espíritu Santo, a como pasó con Jesús, siendo hombre, tenemos esa fe de **Romanos 12:2-3**.

Puesto que es Él, quien nos da su fe, Él, no nosotros, es quien puede obrar con ella, a pesar de nosotros mismos, y porque no proviene de la carne, ni de nuestros propios empeños defectuosos, imaginaciones, o de nuestro espíritu humano inconsistente (lea otra vez **Santiago 1:6**). Una vez que nuestro espíritu está *conectado, integrado, unido,* y *fortalecido* por su Espíritu Santo, al igual que nuestro Señor, es cuando nosotros podemos seguir sus pasos y poder *imitar* Su vida de acuerdo con Su promesa en **Zacarias 4:6**.

Nuestra Fe es Perfecta

La verdad es que nuestro Señor vivió por 30 años, como un ser humano perfecto y real, cumpliendo la Ley de Moisés porque ningún ser humano podía hacerlo, y para luego ser nuestro ejemplo para nosotros (ver **Romanos 8:29**; **1 Corintios 15:20-23**; **Colosenses 1:18**; **Hebreos 1:6**, y otros). Jesús no necesitaba el bautismo—Él era perfecto (**Juan 8:48**)—pero Él se dejó bautizar "para cumplir" una *igualdad* entre Él y nosotros (**Mateo 3:15**; y **12:47-49-50**. Este acto del bautismo fue la manera en que Jesús se identificó con los pecadores, cuyos pecados Él finalmente cargaría, y a quienes impartiría su justicia para demostrar por qué nuestra fe *tiene, y debe de provenir* de Él, porque tiene que ser *perfecta* (**Romanos 12:2-3**; **Santiago 1:17**). Esta es nuestra única fórmula de seguir en sus pasos. Antes de retractarnos de esto, consideremos **Efesios 2:6**:

"Y *juntamente con Él* nos *resucitó* [cuando *creímos*], y asimismo nos hizo *sentar con Él*, en los lugares celestiales [porque nosotros *estamos*] en Cristo Jesús".

CUMPLIENDO LA JUSTICIA

Sus palabras bautismales en **Mateo 3:15** lo explican así:

"Pero Jesús le respondió: Déjalo ahora; porque así es como conviene que *cumplamos* toda la *rectitud ante Dios* (Su justicia, no la de nosotros, porque Él *nunca la perdió* en el Jardín). Entonces Juan lo permitió [y lo bautizó]".

Aunque Jesús no necesitó el bautismo—Él no tenía pecado (**Juan 8:48**), ni perdió su comunión con el Padre en el Edén—pero lo hizo de todos modos "para *cumplir* toda justicia" (**Mateo 3:15**), modelando la fe con la que hemos sido dotados, no con una donde nosotros podemos "buscar, cultivar, o producir" por nosotros mismos—la fe que **Romanos 12:2-3** dice que Dios ya nos ha dado, es ya perfecta tal como es (**Santiago 1:17**). Y para cumplir también **Isaías 51:7** y hacerlo una realidad en nuestras propias vidas:

"Escúchenme, ustedes que saben justicia [estar correcto ante Dios], la gente (solo aquellos, *no* todos) en *cuyo corazón* están *Mi Ley* (Su Palabra, no tu religión) *y Mi instrucción*. No teman el oprobio ni la burla del hombre, ni se angusties por sus injurias" (ver también **Habacuc 2:4** e **Isaías 61:10**).

(Esto está disponible *sólo* en conociendo Su Palabra a *través* de Su Espíritu y no por uno mismo o por tu iglesia, o una religión)

Esa es la implicación en Su declaración a Juan el Bautista en **Mateo 3:15**, y la *razón* por la cual se nos da esa fe de **Romanos 12:3** que está *fuera* de nosotros mismos, y que es dada a *cada uno* de Sus hijos nacidos de nuevo que han *creído* (el evangelio) y *confiad*o (en fe) a Su Hijo.

No Hay que Andar Buscando por la Fe

Desde el principio, me tragué la idea de que *era yo* quien debía de "buscar, encontrar, a incrementar, e cultivar" mi fe mediante las enseñanzas de la iglesia y mis propios esfuerzos. ¿Para qué buscar algo que *no está perdido*? Me apoyaba en pastores, libros y cintas para desentrañar las Escrituras, asimilando opiniones—las mías y las de ellos—en lugar de dejar que el Espíritu me instruyera.

Nunca lo pensé hasta que Él me mostró que *todo* lo que es producido por el humano, es inútil (**Jeremías 17:5, Juan 6:63; 1 Corintios 1:20**). Pero todas las iglesias donde yo estuve, esto era lo que me enseñaban. Al principio, como nuevo cristiano, yo creí y acepté esas enseñanzas religiosas sin pensar, porque decían que esto "venia" de la "Palabra de Dios."

La Enseñanza Humana Falla

Créalo o no, este sistema religioso viene desde el siglo III—primero en monasterios, luego en seminarios tras la reforma, cual han causado mucha ignorancia bíblica en el mundo cristiano. Peor aún, personas religiosas profesionales no saben que esto *no es* lo que Dios quería, a como dice **Isaías 54:13**, **Juan 14:26** y **16:13**, que contradice este sistema vanidoso. Esta ignorancia ha traído errores y engaños de toda clase en las iglesias por enseñanzas humanas, no de Dios. No sólo eso, yo me pondría bajo una maldición a como Él nos advierte en **Jeremías 17:5**.

El Diablo Engaña Como en el Edén

Este sistema de enseñanza es la nueva versión moderna de **Génesis 3:1**:

> "Pero la serpiente era astuta [astuta, hábil en el engaño], más que todos los seres vivientes del campo que el Señor Dios había hecho. Entonces la serpiente dijo a la mujer: '¿Es *posible* que Dios haya dicho: ¿No comas de *ningún árbol* del huerto'?"

¿Perdió el trineo del diablo donde él está citando erróneamente, y distorsionando el contexto de la Palabra de Dios?—"no coman de *ningún* árbol"—cuando Dios se lo ordenó este mandamiento solo a Adán (**Génesis 2:15**), antes, y no a Eva (**Génesis 2:21**).

Eva, al oírlo de *segunda mano* (como las ovejas en una iglesia) a través del púlpito a como Eva lo aprendió de Adán (como nosotros de los hombres de hoy), no captó el decreto real y completo de Dios. Si ella lo hubiera escuchado de primera mano de Él, ella le habría replicado: "No, Él dijo podemos comer de *todos*, pero *no* de este." Nuestra falta de conocimiento de Su Palabra también se refleja hoy en el cristianismo, y confirma lo que dijo nuestro Señor en **Mateo 15:14**:

"Déjenlos; son *guías ciegos* [guiando a *seguidores ciegos*]. Si un ciego guía a otro ciego, ambos caerán en un hoyo".

Viendo el panorama religioso actual, nunca se han dicho palabras más ciertas. Si _no sabemos_ Su Palabra, tampoco podremos ver la _diferencia_ entre oír al Espíritu de Dios y esa de los hombres. Por lo tanto, lo que oímos en iglesias es solo "de oídas," no es válido en cualquier tribunal como un testimonio legítimo.

SOLO EL HOMBRE FALLA, NO EL ESPÍRITU

OPINIONES VS. LA REVELACIÓN DIRECTA

Por lo tanto, puedo decir con confianza que, sin un conocimiento _directo_ de Su Palabra, tal a como la ENSEÑA Su Espíritu, tu no podrás distinguir entre la suave voz directa de Dios (**1 Reyes 19:12-13**) y la de Su Espíritu y de los clichés y eslóganes desgastados que se escuchan en prácticamente en todos los púlpitos en cualquier domingo, y esos ecos filtrados a través del colador de la religión, algo común en las iglesias de hoy. Tal testimonio de _segunda mano_ no se sostendría en cualquier entorno legal; es solo un rumor, creencias, y adivinaciones viniendo de una tercera persona.

Si los escritos del Antiguo Testamento tienen *como su fin* a *instruir y amonestar* a nosotros, ¿qué _lección_ surgió cuando Dios confió al hombre en el Antiguo Testamento a administrar sus oráculos?—sin duda, el sacerdocio y el sistema levítico quienes crucificaron a nuestro Señor. ¿Por qué crees que miles, sino millones, de verdaderos cristianos fueron quemados vivos en las hogueras católicas en cumplimiento de **Juan 16:2**?

La respuesta también se puede encontrar en un análisis de lo que sucedió con el ministerio de Moisés y su resultado final, siendo *ilustrado* por los fariseos y saduceos cuando nuestro Señor Jesús vino a ministrar a Su pueblo. Al igual que en el Jardín del Edén, Dios sabía que, si Él volvía a *poner a hombres* a cargo de la enseñanza para los santos de su Iglesia del Nuevo Testamento, ¡fracasarían miserablemente otra vez! Si alguna vez tú te has preguntado por qué el Padre nos dio su Espíritu para que viviera dentro de nosotros, ¡ahí tienes la respuesta! Y así ha sido, con el *mismo resultado* para nosotros hoy, cuando el desastre de la religión, y este fiasco en las iglesias de hoy, se desató en el siglo III. Sin embargo, *solo un **discípulo*** puede discernir este estado espiritual en la iglesia hoy.

EL ESPÍRITU SANTO ES NUESTRO CONSTANTE PASTOR

¿Puede entonces ahora ver, *porque* Él nos da Su Espíritu *dentro* de nosotros? Él hizo a los hombres, en el Antiguo Testamento sus maestros y sacerdotes, para probar y mostrar a *nosotros hoy*, a *reconocer que uno necesita* Su Espíritu, no un hombre *representando* solamente a su religión. Desde el siglo III, todo el mundo ha observado y probado este sistema religioso, pero hoy, solo los que realmente *creen* la Palabra de Dios lo pueden discernir.

¿Ahora, pregúntese usted mismo, por qué El eligió Su Espíritu y ***no*** al hombre en el Nuevo Testamento? Porque Él tiene un plan *mayor y mejor* para los que confían ***solo*** en Él. En **Ezequiel 34:20-23** nos dice:

> "Por lo tanto, así les dice el Señor Dios: He aquí, **Yo** mismo (no tu pastor o religión) juzgaré entre las ovejas gordas [bien alimentadas] y las ovejas flacas. Porque ustedes empujan con el costado y el hombro, y acornean

con sus cuernos a todas las que se han vuelto débiles y enfermas hasta que las han dispersado, por tanto, yo libraré a mis ovejas (¿de cuáles? Lea versos **1-8** del mismo capitulo), y no serán más presa; y juzgaré entre una oveja [impía] y otra [piadosa]. Entonces nombraré sobre ellas **UN** pastor y **Él** (de nuevo, no tu pastor o religión) las *alimentará*, [un gobernante como] Mi siervo David; **Él** *las* *alimentará* (ibid.) y *será Su Pastor* (ibid.). Y **Yo**, el Señor, seré su Dios, y Mi siervo David será un príncipe entre ellas; **Yo**, el Señor, he hablado".

El fracaso de este sistema levítico fue replicado por la primera religión cristiana creada por el hombre en el Siglo III, que conocemos como catolicismo, cual refleja el mismo destino de los judíos y Eva—sedimentos de segunda mano, aún influenciados y dominados por la serpiente del Edén. Este conocimiento es un arma de doble filo—un filo es llegar a conocerlo y comprenderlo, y el otro, optando por ignorarlo; ambos son ineludibles, a como nos advierte Él, en los capítulos de **Hebreos 1-3**.

Iglesias Son para La Adoración y La Oración

Este es el peligro cuando un cristiano se inclina a *oír al hombre en vez* del Espíritu, a como instruye Juan **14:26**, **15:26**, y **16:13**. Esto no significa prohibirles asistir a una iglesia si así lo desean (reúnanse si lo desean, pero evitando cultos a una personalidad), pero las iglesias son para la comunión y la adoración, un lugar donde las ovejas son edificadas por pastores *guiados* por el Espíritu y conocedores de la Biblia (**Efesios 4:11**). Una vez más, yo *no estoy contra* las iglesias, solo digo que bíblicamente, **no** son hechas para ser el discipulador o el enseñador de las ovejas—eso es solo el *trabajo* del Espíritu. Que ellos asistan si quieren, pero no al costo del modelo educativo personalizado de Dios.

Yo no estoy diciendo que _no_ vayas a la iglesia (salvo cultos raros), pero sabiendo claramente que la función de una iglesia es unirnos en oración y adoración, con pastores que _realmente conozcan_ la Biblia tal como la enseña Su Espíritu para hacer _crecer y aumentar_, el cuerpo de Cristo (**Efesios 4:11**). Esta meta, _no es contra_ las iglesias, pero solo diciendo que bíblicamente, iglesias **no** fueron hechas para ser el discipulador o el enseñador de las ovejas—eso es solo el _trabajo_ del Espíritu.

EL DIABLO TUERCE LA VERDAD

El diablo se esfuerza por distorsionar las Escrituras, distorsionando hábilmente la verdad para engañar, tanto a los obreros de la iglesia, a como a los feligreses. Con seis milenios de experiencia en astucia y la mentira, se aprovecha de aquellos que _no son espirituales_ por su falta de conocimiento de Su Palabra (**Oseas 4:6**; **Romanos 7:14**; **1 Corintios 3:3**; **Colosenses 2:18**; **Santiago 3:15**; **Judas 1:19**). Dándonos estos seis versículos, prueba que serio es, en no _obedecerlo_—y muestra el riesgo donde en no saber Sus instrucciones, deja a cualquiera que depende de una iglesia y por la falta de conocimiento de la Palabra de Dios, están listos para caer en el error como Eva. Por eso es por lo que hay miles de grupos cristianos, contra la unidad que Dios quiere (**1 Corintios 3:3-9**; y **Efesios 4:4**):

> "[Solo] Hay _un_ cuerpo [de creyentes] y _un_ solo Espíritu, así como también vosotros fueron _llamados_ [a la salvación] y a _una_ misma esperanza."

Tenga en cuenta que este versículo claramente dice que el llamado es _para la salvación_, y _no dice ni implica_ que, el llamado incluye, o nos da _el derecho_ (**Apocalipsis 22:12-15**) de _entrar_ en Su Reino. Esto explica _porque_ nuestro Señor dice, "muchos son los llamados, pero *pocos* los escogidos" (**Mateo 22:14, Marcos 11:22; Rom. 11:7**).

SATANÁS DIVIDE, DIOS UNE

¿Por qué es esto importante de saber para el Cuerpo de Cristo? Para empezar, Él nos dice esto en Juan 17:20-21:

> **"No ruego solo por estos** [*no es solo por ellos* **que hago esta petición**], **sino también por** [*todos*] **los que** [**algún día**] **creerán y confiarán en mí por medio de su mensaje, para que *todos sean uno*; así como Tú, Padre, estás en mí y Yo en ti, que también ellos sean *uno en Nosotros*, para que el mundo crea [sin ninguna duda] que Tú me enviaste."**

Efesios 4:13 se hace eco del mismo propósito:

> "Hasta que todos lleguemos a la **unidad** en la fe y en el **conocimiento** del Hijo de Dios, [**creciendo** espiritualmente] a un hombre perfecto, a la **medida** de la plenitud de Cristo [manifestando Su completitud **espiritual** y *ejercitando nuestros* dones *espirituales* en unidad]".

¿Quién divide el cristianismo hoy? Satanás, haciendo creer que un hombre en un púlpito *reemplaza* al Espíritu, creando una Torre de Babel religiosa tras los últimos siglos. La gente mundana no puede ver esto, nada de lo que es escrito aquí, les hará clic. Por eso dice **2 Corintios 4:3-4**:

> **"Pero, aunque nuestro evangelio [en cierto sentido] esta _encubierto_ [detrás de un velo], y está escondido [solo] para aquellos que están pereciendo, entre los cuales el dios de este mundo ha segado las mentes de los incrédulos, para prevenirlos a ver la luz que ilumina el evangelio de la gloria de Cristo, el cual es la imagen de Dios".**

El Engaño del Diablo

Este "velo" es la ética secular de Satanás, que engaña no solo a los perdidos, sino también a los cristianos, mezclando el iglesianismo moderno, con la verdadera Iglesia de Cristo. Los dogmas y las tradiciones sectarias sofocan a los nuevos conversos desde el primer día, deteniendo su crecimiento.

La comunión en una iglesia puede ayudar, pero solo bajo pastores guiados por el Espíritu que fomentan un enfoque en Cristo; algo que hoy es poco común, no rutinario. Para los nuevos conversos jóvenes que anhelan intimidad con su Salvador, este paso sí importa, pero el pastor promedio no tiene ni idea de cómo hacer que un nuevo converso a _crecer espiritualmente_. Es sombrío, pero nuestro Dios todopoderoso prevalece, como lo hizo conmigo, según **1 Samuel 16:7:**

> "Pero el Señor le dijo a Samuel: 'No te fijes en su apariencia ni en lo grande de su estatura, porque yo lo he rechazado. Porque el Señor _no mira a como el hombre mira_, pues el hombre mira lo que está delante de sus ojos, pero el Señor mira el _corazón_'."

Dios Conoce a los Suyos

Dios sabe quiénes son los suyos desde el principio (**Efesios 1:4**, **Juan 10:3**) y los guía a una relación cercana con Él (**Filipenses 3:12**; **Tito 2:14**; **1 Pedro 2:9**; **2 Pedro 1:3**). No digo que *todos* los líderes religiosos sean malos, sino que sus enseñanzas *vienen* de tradiciones humanas y de profesores de seminarios que muchos de ellos dudan que la Biblia vino de Dios.

Esos "teólogos" actúan como los maestros universitarios mundanos, no guiados por el Espíritu a como Dios quiere. Estos sistemas defectuosos producen ovejas sin compromiso y sin profundidad espiritual, donde un día saltan de ser un católico al anochecer, a un testigo de Jehová el próximo día, de protestante a mormón o budista, buscando nuevas ideas religiosas en vez de caminar con Cristo. Esto se debe a que se descuidan de lo que **Filipenses 2:12** nos dice:

"Así que, amados míos, tal como siempre habéis obedecido [a mis instrucciones con entusiasmo], no sólo en mi presencia, sino mucho más ahora en mi ausencia, continuad *trabajando* en tu [propia] salvación [es decir, cultivadla, llevadla a pleno efecto, buscad activamente la *madurez* espiritual] con temor inspirado por un temor reverente y temblor [empleando una seria cautela y una autoevaluación crítica para evitar cualquier cosa que pueda *ofender* a Dios o *desacreditar* el nombre de Cristo (con tus acciones)]" (también en **2 Cor. 10:15**).

Dios nos encarga a *obedecer* sus instrucciones, no las de *ninguna* denominación, o religión.

JESUCRISTO ES EL ÚNICO MAESTRO

Imagina a Einstein como tu profesor de física en una universidad—¿por qué tú vas a conformarte con un simple pedo como tu instructor? ¡No! El me has dado el mejor Profesor del Universo, _Su Espíritu_. Los pastores deben ayudar, pero _solo_, si el Maestro—Cristo—los capacita a través del Espíritu. No tolero concesiones. Como creyente guiado por el Espíritu, yo puedo reconocer a aquellos que Él envía a mi vida para ayudarme a crecer, pero solo _confiando_ ciegamente, no en el hombre, pero en el Dios de **Deuteronomio 10:17**:

> "Porque el Señor vuestro Dios es Dios de dioses y
> Señor de señores, Dios grande, _poderoso_ y temible, que
> no hace acepción de personas ni acepta soborno".

Esto me abre la puerta a _todos_ los recursos de Dios tiene para ayudarme a crecer en la fe. Hacerlo a nuestra manera, como los israelitas en el desierto, nos encierra en una jaula religiosa, sin provecho, progreso, o desarrollo.

NO SABER TRAE CONSECUENCIAS

Si no seguimos Su camino, no vemos el trabajo del Espíritu y podemos perder bendiciones eternas. Esta es la advertencia encontrada en **Lucas 12:47-48**:

> "Y aquel siervo (nosotros los cristianos) que _conocía_ la
> voluntad de su Señor (conociendo Su Palabra) y, sin
> embargo, no se preparó (_obedeció_ a ella) ni actuó con-
> forme a Su voluntad, será azotado (en el tribunal de
> Cristo (**1 Cor. 3:13**), con muchos azotes [del látigo],

pero el que no la conoció (no se preocupó por conocer Su Palabra) e hizo cosas dignas de azotes, recibirá solo unos pocos [azotes]. Porque a todo aquel a quien se *le dio mucho*, mucho se le demandará; y al que mucho se le confió, mucho más se le pedirá".

Yo no entiendo como alguien quiere arriesgar y perder recompensas eternas por no estar interesado en conocer Su Palabra, y por ramificación, Su voluntad. Sin embargo, Él nos da esa libre elección.

Dos Iglesias Practicando la Religión

No es casualidad entonces que Dios haya destacado a dos iglesias iniciales que eran evidentemente afectuosas por la religión, las iglesias de Corinto y Galicia—vivían en la religión, no la fe. En **1 Corintios 3:1-2** Dios las expuso:

> "Pero, hermanos, no pude hablarles como a gente espirituales, sino como a carnales, a niños en Cristo. Os di a beber leche, y no alimento sólido, porque aún *no son capaces* de recibir".

Y en **Gálatas 1:7**:

> "Algunos [que se hacen *pasar por maestros*] los perturban y los confunden [con una enseñanza engañosa y falsa] y quieren *distorsionar* el evangelio de Cristo [torciéndolo en algo que absolutamente *no es*]."

CRECER CON LA PALABRA

Comencemos con la premisa de que contar con los recursos de Dios garantiza nuestro crecimiento espiritual completo, de principio a fin. ¿Hay límites? ¡No! Por lo tanto, si cualquier creyente desea graduarse **_como discípulo_** y comenzar a crecer espiritualmente, **1 Pedro 2:2** lo tiene todo para lograrlo:

> "Como niños recién nacidos, anhelen _la leche pura de la Palabra_, para que _por ella_ (no tu religión o tus obras) se nutrieran y crezcan hacia nuestra salvación [_Y Su cumplimiento final_ (que es el _tema central_ de esta obra)]."

Y para los flojos en la fe, **Hebreos 5:11-13** nos dice:

> "En cuanto a esto (el sacerdocio de Cristo), tenemos mucho que decir, y es difícil de explicar, ya que ustedes se han vuelto _torpes y perezosos_ en [su] oído [espiritual] y reluctantes a escuchar. Porque, aunque a esta altura ya deberían ser maestros [debido al tiempo que han tenido para aprender estas verdades], en realidad necesitan que alguien les enseñe nuevamente los principios elementales de la Palabra de Dios [desde el principio], y han llegado a tener continuamente (como en un ambiente de iglesia) _necesidad de leche_, no de alimento sólido. Porque todo aquel que vive de leche es [doctrinalmente **_incapaz_** e] **inexperto** en la Palabra de justicia (es decir, conoces Tu Biblia de segunda mano), ya que eres un **_infante_** espiritual."

MADURÁNDOSE EN CRISTO

Hebreos 6:1-3 le agrega a esta conclusión:

"Dejemos *lo básico* de Cristo y crezcamos a la madurez, sin *repetir temas* como obras muertas, fe en Dios, rituales, la resurrección y el Juicio (cosas que oyen en iglesias de semana a semana). Lo haremos si Dios quiere."

Al empezar como creyente, yo no percibía estos versos, ni tampoco veía alguna madurez o las promesas de Dios en mi vida, y mucho menos el éxito prometido en **Josué 1:7-8**:

"Solamente seas fuerte y sé muy valiente; cuida de hacer [*todo*] conforme a toda la ley (en la Biblia hoy) que te mandó mi siervo Moisés; *no* te desvíes de ella ni a la derecha ni a la izquierda, para que seas *prosperado* y tengas *éxito* por dondequiera que vayas. Este libro de la ley nunca se apartará de tu boca, sino que lo leerás de día y de noche, para que cuides de hacer [*todo*] conforme a todo lo que está escrito en ella; porque entonces harás *prosperar* tu camino, y entonces tu *tendrás éxito*".

LA PALABRA LO CAMBIA TODO

Con estas verdades ahora bíblicamente afirmadas, mi objetivo de este trabajo es ayudar a otros—compartiendo mi viaje posterior a la salvación, en caso de que alguien quiera encontrar el propósito y la aplicación de Su Palabra, y su simplicidad de implementación en nuestras vidas. Pero más que esto, a conocer como Su Palabra me dió, un _sentido y cambio a mi vida_—algo que no tenía por décadas leyendo mi Biblia _a mi propia manera_.

Antes, yo creía que **Josué 1:7-8** era solo una bendición para él, no para mí, ni a otros cristianos. También pensé que meditar día y noche en Su Palabra era imposible, pero al leer la Biblia completa varios años seguidos, todo cambió. Viví, y he mirado cosas que parecen imposibles para nosotros (**Mateo 19:26**; **Marcos 10:27**; **Lucas 1:37**).

Cree a Lo Que Lees, no Leas a Lo Que Crees

Yo no puedo atribuirme todo el mérito de haber llegado a la conclusión de que, así como Jesucristo está en el centro de nuestra salvación, su Palabra está en el centro de nuestra capacidad para conocerlo a Él en la verdad (**Juan 4:24**), por lo tanto, Él debió haber influido en mí para que cambiara mis hábitos religiosos en cuanto a la lectura de la Biblia. Al principio, empecé leyéndola por completo, de _cubierta a cubierta_ una vez al año. Después de quedar tan impactado por el cambio en mi vida en seguida de un par de años, doblé mi esfuerzo, y empecé a leerla cada 6 meses por esta última década. El resultado fue increíble—Su mandato de meditar en Su Palabra día y noche se hizo real por _sí misma_, sin intentarlo, ni planearlo. Hoy lo hago esto cada segundo que estoy despierto y es tan natural como a respirar, y sin pensarlo. ¿Cómo explicarlo? No sé, para mí, es un milagro, ya que yo no lo hice a propósito—Su Espíritu fusiona y entrelaza la Palabra almacenada en mi mente durante todos estos años, transformándome desde _adentro_ y, de hecho, y literalmente, Su Espíritu la trasladó, de mi mente hasta mi corazón. Piénsalo a la manera de como si nosotros seamos una computadora—"basura entra, basura sale", o "somos lo que comemos" o, en realidad, lo que pensamos (**Proverbios 23:7**). Esto es exactamente lo que dice **Romanos 12:2**:

"No se *conformen* a este mundo [no más con sus valores y costumbres *superficiales*], sino sean *transformados y cambiados progresivamente* [a medida que se maduran espiritualmente] mediante la *renovación* de tu mente [enfocándose en valores piadosos y actitudes éticas], para que *tu puedas comprobar* [por ti *mismo*] *cuál* es la *voluntad* de Dios, esa que es buena, aceptable, y perfecta [en Su plan y propósito para ti]".

TOMANDO SU PALABRA AL PIE DE LA LETRA Y TOMÁNDOLA EN SERIO

En retrospectiva, al no haber tomado la Palabra de Dios en serio al comienzo de mi camino cristiano, ninguno de los beneficios mencionados hasta ahora, se manifestaron en mi vida, porque no tenía Su Palabra dentro de mi mente ni tampoco poseía un conocimiento y una comprensión profundos de ella—la leía de vez en cuando de una manera *casual*, un pasaje aquí, y otro pasaje allá por décadas porque, francamente, Su Palabra *no era* tan importante para mí.

Algo así como lo que hizo el rey Saúl en su tiempo (**1 Samuel 14:35**), ¿no? No solo eso, ni tampoco le di su propio valor porque yo no veía ningún beneficio en *hacer u obedecer* lo que Él nos dice que debemos de practicar, como en ese pasaje de **Josué 1:8-9**, así como también en **Isaías 28:23; 55:10-11**. En mi mente, solo era una "lectura", recomendada por los líderes "espirituales" en la iglesia para "crecer" en la fe. Es cierto que esto es una gran idea, pero sin las herramientas espirituales que *sólo* el Espíritu Santo puede proporcionar—buen plan, mala ejecución.

POCO CAMBIO AL PRINCIPIO

Por eso, al empezar mi camino cristiano, nada pasó: no tenía Su Palabra en mi cabeza ni la conocía bien. La leía de vez en cuando, un pedacito aquí y allá por décadas, porque no me importaba mucho—a como demostró el rey Saúl, ¿no? No veía ningún provecho y utilidad a lo que Él nos pide de hacer en **Josué 1:8-9** ni en **Isaías 28:23; 55:10-11**.

MAPA DE UN PLAN PERFECTO

¿Alguno de ustedes ha notado o ha llegado a deducir que, hasta este punto de esta obra, todas las escrituras citadas hasta ahora son como una pintura sobre un lienzo de tela dibujando y formando una imagen del plan de salvación de Dios? Si lo ha hecho, felicitaciones, porque yo tampoco lo había concebido hasta en este mismo momento.

NO VEÍA LO POSIBLE

Al principio, la escasa Palabra que había dentro de mí, gracias a hábitos de mis lecturas por medio del azar, no me rindió nada, ni tampoco me dio ningún *conocimiento, ni cercanía* con Él—Sin entender que eran los beneficios de Josué ni en esas en Isaías, entonces, ¿qué era lo *mejor* que yo podía esperar en mi búsqueda de conocerlo? ¡Nada! Las lecturas y miradas superficiales a mi Biblia durante esas décadas no generaron ningún conocimiento, ni vínculo con El. No pasó nada, porque me faltaba en buscar, a como dice **Proverbios 25:2**, y porque yo creía que, que lo yo deseaba, era imposible de obtener. Pero **Mateo 19:26** nos corrige:

> *"Para los hombres* [en cuanto *depende* de ellos] es imposible, pero para Dios *todo* es posible'."

Esto no es nuevo—La religión *siempre te exige tus esfuerzos* por algo que *solo Dios* puede hacer. En **2 Timoteo 4:3**, Él nos advierte por qué buscamos "soluciones fáciles":

> "Llegará un tiempo donde la gente (religiosa) no tolerarán la sana doctrina ni la enseñanza *exacta* [que los *desafían* con la *verdad* de Dios], sino que, queriendo que les deleiten los oídos [con algo agradable], acumularán para sí muchos maestros para satisfacer sus propios deseos y para *apoyar* los *errores que* [ellos] *mantienen.*"

La Fe de Ricitos de Oro

¿No se parecen estos últimos 1800 años, con las ovejas saltando de secta a secta, como la historia de Ricitos de Oro, buscando por "la iglesia perfecta"? Desde el principio, vi que las peticiones de oración y las conversaciones de mis hermanos(as) cual, en verdad, reflejaban mi propia falta de experimentar Sus promesas y bendiciones. Poco a poco, comprendí que nuestras aflicciones *provienen de nosotros mismos*, y no son "pruebas" que Dios "manda," enseñadas por el clero, según a la incapacidad de ellos en explicar la ignorancia de la Palabra de ellos, a como de las ovejas, donde no es Él, quien "envía" a los piadosos, cualquier desastre que arruinan sus vidas. Que idea descabellada de las mentes religiosas donde un Padre amoroso enviaría a un matón para poner a prueba "nuestra lealtad" y amor hacia Él.

¿De dónde creen ustedes que surgió la idea y la desinformación de que Dios envía el mal a su pueblo para poner a prueba su fe?

Bueno, lo basan en la historia distorsionada de Job cual alimentó este mito—otra idea loca del sistema religioso. Pero ¿cuál es la _verdadera_ razón donde malas cosas pasan a buenas gentes? No es ninguna sorpresa en descubrir el porqué, donde es mi propia conducta de _insistir_ en hacer _mi propia voluntad_ en vez, y por encima de la Suya, al ignorar los mandamientos en Su Palabra, y llevando y viviendo mi vida a _mi manera_ y, en eso, _despreciando_ Su promesa de **Juan 16:32-33**:

> "Les he dicho estas cosas para que en Mí _puedan tener paz_ [_perfecta_]. En el mundo tendrán tribulaciones, angustias y sufrimientos, pero tengan _valor_ [Ten confianza, no te desanimes, llénate de alegría]; Yo he _vencido_ al mundo" [Mi victoria está _consumada_, mi victoria _es permanente_]".

¿No es extraño cómo pasamos por alto pequeñas palabras al leer Su Palabra, como aquí, "_puedan tener_"? Él ya nos dio Su Paz (**Juan 14:27; 16:33; 20:21**), tal como la fe de **Romanos 12:3**, pero esto _depende_ de nosotros para alcanzarla mediante nuestra _obediencia_, no con ensueños. Por eso no dice "_tienen_ paz", sino que, "_puedan_ tenerla". Él está colocando esa _responsabilidad_ directamente sobre nuestros hombros. ¡Por el amor de Dios, qué MÁS puede hacer Él, aparte de metérnosla a la pura fuerza por el gollete Sus promesas seguras! Nuestra victoria ya está ganada—ninguna lista de sermones la enriquece. Solo tenemos que _obedecer_, como en el Sinaí, uniéndonos con Josué y Caleb, y ser la _excepción_, no la regla.

CAPÍTULO TRES

Leer es Saber y A Relacionarse Con Él

MEDITAR ES LEER

Un día, mientras meditaba en el pasaje de **Josué 1:8-9**, pero le presté más atención y lo leí despacio, concentrándome en **_creer_** _lo que estaba leyendo_, y **_no_** en lo que yo _pensaba o "**_creía_**"_ que decía, ¡y lo vi! Allí estaba, claramente, todo lo que Él realmente está diciendo en este pasaje es:

> **"Pero tu leerás (Su Palabra), [y _meditarás_ en] ella, día y noche."**

Él no nos está pidiendo a **_memorizar_** toda la Biblia a como yo **_creía_**, pero _solo a **_leerla_**_. La meditación sigue espontáneamente como un **_resultado_** de leerla. Mi problema fue que yo no había escuchado y a obedecer su consejo ahí, ya que yo solo leía mi Biblia al azar y sin pensar—un pasaje aquí, otro pasaje allá—como si fuera una novela sin ningún orden, o sin ningún principio e, un fin, que hoy en día es un hábito religioso común. Hoy, a diferencia de los tiempos del

Antiguo Testamento, cuando no había Biblias ni una morada del Espíritu dentro de nosotros, no tenemos _ninguna excusa_, de no saber Sus oráculos en Su Palabra y leerla desde _la primera_ frase del Génesis hasta la última frase del Apocalipsis.

En el aquel entonces, las masas no contaban con los recursos que nosotros tenemos hoy, y claro, con esta falta de información escrita, desde Adán hasta las edades oscuras, hizo muy fácil para que la gente fracasara en su camino espiritual. Reflexionemos: Si nosotros no conocemos nada acerca de sus consejos y mandatos, entonces, desde ese antes hasta hoy, ¿cómo podemos nosotros a obedecer sus instrucciones? Ciertamente, es imperativo que nosotros debemos seguir sus instrucciones al pie de Su Letra para recibir la bendición, pero si nosotros no conocemos nada de estas enseñanzas de primera mano, ¿cómo podrá Él a cumplir y darnos sus promesas, y mucho menos cómo podremos recibir una bendición?

LEER EN ORDEN IMPORTA

Cuando lees un libro, tiene que ser en orden, no de leer de un lugar a otro al azar. Es entonces cuando vendrás a entender la historia que el libro está narrando. Pero desafortunadamente, yo no estaba haciendo esto—pregunta a 10 cristianos en tu iglesia cuántos han leído la Biblia de cubierta a cubierta, y si encuentras _uno o dos_, me sorprendería. Nadie, con una mente sana, lee una novela saltándose capítulos, leyendo desde la mitad, luego al final y de vuelta al principio, ¡es una locura! Sin embargo, eso es exactamente lo que yo hice y observé personalmente el resultado, aún hoy, estas mismas secuelas se ven en innumerables cristianos. Pero increíblemente, esto es normal en las iglesias. Pero hoy es fácil de hacerlo con nuestros dispositivos electrónicos, no como en el Antiguo Testamento sin Su Espíritu morando en ellos, sin Biblias, ni internet. Hay que seguir Sus instrucciones al _pie de la letra_ para recibir Su aprobación. Desde luego, la próxima vez que compres un dispositivo o aparato, trate a no leer _todas las instrucciones_ de montaje, a como nosotros lo hacemos con Su Palabra, y mira hasta dónde llegas en el proceso de montaje, para poder disfrutar de tu compra.

PERSPECTIVA CRONOLÓGICA

Para leer correctamente un libro, todos nosotros debemos de seguir una secuencia universal, desde su principio hasta su final—sin seleccionar solo lo que más nos interesa, al costo de no captar la historia narrada, ni su hilo narrativo. Sin embargo, yo hice eso—y millones más de cristianos, hacen exactamente eso, cuando leen sus Biblias. Nadie lee novelas, o libros al azar; sin embargo, esta es la norma no la excepción, para demasiados de aquellos cristianos, ya sea que asistan a una iglesia o no, en cuanto al tema de leer las Escrituras. Ahora es más fácil que nunca, en hacer estudios bíblicos por nosotros mismos, a diferencia de los santos del Antiguo Testamento, iletrados, sin Biblias impresas, internet, ni libros inspiradores, o con un Espíritu morando dentro de ellos. Nada ha cambiado desde la antigüedad, excepto que, para la iglesia del Nuevo Testamento, el Espíritu _nos enseña Él mismo_ con, o sin las herramientas tecnológicas modernas que ahora disfrutamos. Uno debe de apegarse _estrictamente_ a Sus directrices y a lo que Él nos dice en Su Palabra, para obtener el resultado, y la recompensa que Él desea dar a nosotros.

EJEMPLOS DE FRACASO

Estas consecuencias esperadas al desviarse de Sus instrucciones, no debería sorprendernos en absoluto. Los personajes del Antiguo Testamento—con menos recursos que nosotros, tropezaron mucho, pero luego lo superaron simplemente por el arrepentimiento y la obediencia. El peor rey en la historia **de Juda,**

Manasés, hijo de Ezequías, es un excelente ejemplo. Tomemos como otro ejemplo al rey Saúl, quien *tipifica* a los cristianos de hoy, pues cada rey judío *recibía una copia* del Libro de la Ley para que la leyera *todos* los días (2 Reyes 11:12) para gobernar. ¿Y cómo se aplica esto a nosotras hoy? ¡A nuestro propio reino de vida personal diaria, ante Él!

Pero hay más—lea el ascenso de Saúl al trono y cuente los años antes de que, y solo porque estaba acorralado, él construyó, un altar de adoración a Dios, pero solo por la desesperación—no por su devoción. Compare sus acciones con aquellas de Abraham, Isaac, Jacob, y David. El egocentrismo de Saúl, a como de los muchos creyentes de hoy, no escatimó un tiempo, ni un interés de *aprender la Palabra de Dios*. Es tan simple como esto.

VIVIENDO AL ESTILO DE JOSUÉ

¿Qué reglas nos llevan para cumplir Josué 1:7-8 en nuestra vida de hoy? Comienza con cualquier pasaje bíblico que te interese, ora pidiendo la confirmación por medio de Su Espíritu, y evalúa tu obediencia a Juan 14:26, en 15:26 y 16:13, y luego simplemente deja que Él te guíe al siguiente paso. Este proceso es único y variado para cada uno de nosotros y, por lo tanto, *no hay* dos experiencias iguales. En mi camino con Él, la obediencia es lo que da, como un resultado, la vida próspera de Josué—no solamente a **meditar** en su Palabra día y noche, sin ningún esfuerzo, pero también en recibir todas nuestras necesidades, ya sean físicas, financieras, espirituales, o mentales que yo he necesitado. Esto está presente en cada momento de mi vida hoy.

Observa su sincera promesa en Isaías 54:13, y en todos los evangelios. Él define ahí, a los santos del N.T., cuáles y quiénes son *Sus verdaderos discípulos*, no simples "creyentes", donde esta promesa son respaldadas por muchos otros versículos que dan testimonio a la certitud de esto, a como se verá a lo largo de esta narración. En mis cincuenta años de vida cristiana, no he oído a _ningún_ predicador, pastor o maestro—ni en libros, iglesias, televisión, internet ni radio—_enseñando_ ni insinuado a cómo poder experimentar en tu vida personal, de cómo poder meditar en la Palabra de Dios día y noche—_ni un solo_—. ¿Cuán valioso crees que es, al poder meditar en su Palabra perpetuamente? Sin embargo, según su promesa en el Salmo 127:1-2, Él cumplirá esta hazaña en tu _propia vida_ cual te hará a _ser un discípulo_, no un mero "creyente" a como Él lo promete en Mateo 10:24-25, Juan 14:26 y 16:13.

Nadie Enseña estos Detalles de Su Plan

Considera que Él toma en _serio_ **Isaías 54:13**, donde **Él**, _no nosotros_, nos hará un _discípulo_, no un "creyente". Una vez más, en mis 50 años como cristiano, _nunca_ he oído a ningún pastor, predicador o maestro—incluso en libros, TV o internet—en hablar acerca de cómo podemos nosotros ser Su discípulo, y a caminar con Él _cada momento_ de nuestra vida. Pero Él, es _fiel_ a su promesa en el **Salmo 127:1-2**, y va a lograr esta hazaña y milagro espiritual de hacernos a _todos_ lo que están _dispuestos_ de _oír y obedecer_, para ser un _discípulo_ a como se afirma en este pasaje de Isaías a continuación.

Discípulos, No Solo Creyentes

Fíjate—El promete que "_**todos**_ serán _**discípulos**_" (**Isaías 54:13**), no "_creyentes_." ¿Por qué? Porque en el Antiguo Testamento, Su pueblo _no tenía_ el Espíritu dentro de ellos, ni tampoco eran hijos de Dios, Él solo les dijo:

"Entonces, Yo los tomaré por **mi pueblo** (no hijos), y seré tu Dios (no como su Padre); y ustedes sabrán que yo soy Jehová vuestro Dios, quien los redimió y los sacó de debajo de las tareas pesadas de Egipto" (**Éxodo 6:7**).

Pero en **Isaías 54:13**, El habla acerca de nosotros, _como discípulos_, no solo como entusiastas, o creyentes en una iglesia—esta promesa es firme hoy, a como en el día de Pentecostés que nos da _el poder_, de ser uno, cumpliendo Su promesa en **Isaías 54:13**:

"Y **TODOS** (no algunos, o muchos, sino _todos_) vuestros _hijos_ [espirituales (excluye nuestra carne)] **SERÁN** _discípulos_ [del Señor], y grande será el bienestar de vuestros **hijos**."

Dicho esto, sigamos.

Él nos confirma el _resultado_ de esta promesa en Isaías, para aquellos que oyen y lo obedecen de acuerdo con **Ezequiel 34:20-23**:

"Por lo tanto, así les dice el Señor Dios: 'He aquí, _Yo mismo_ (no tu pastor, una iglesia ni una religión) juzgaré entre las ovejas gordas [bien alimentadas] y las ovejas flacas. Porque arremeten con el costado y el hombro, y acornean con sus cuernos a todas las que se han vuelto débiles y enfermas hasta dispersarlas, por lo tanto, **Yo** rescataré a mi rebaño (_del sistema religioso_), y ya no serán presa; y juzgaré entre una oveja [impía] y otra [piadosa]. Entonces _Yo nombraré_ sobre ellas Un Pastor, y **Él** (de nuevo, no un pastor, maestro, o denominación) las pastoreará, [por un gobernante como] mi siervo David (nuestro Señor Jesús, el descen-

diente prometido por medio de su Espíritu Santo en **Juan 14:18**); **Él** las pastoreará y será su Pastor'."
(Una vez más, no tu pastor, iglesia, o su religión).

Un Solo Pastor, Solo un Plan

El Hijo de Dios en el Nuevo Testamento, obedeció y practicó este sistema de tener _un solo_ Pastor, Su Padre, en **Juan 5:30** y ¿cuál fue el resultado? Él lo responde en **Jeremías 31:33-35**:

"Pero este es el pacto (nuestro Nuevo Pacto hoy) que haré con la casa de Israel _después de aquellos días_ (de la crucifixión) dice el Señor: 'Pondré mi ley _dentro de ellos_ (por medio del Espíritu Santo, según las escrituras de Juan citadas anteriormente), y las escribiré (no tu pastor ni tu religión) en sus corazones; (ningún pastor ni religión lo hará, ni _podrá jamás_ hacer esto); y yo seré su Dios, y ellos serán mi pueblo. Y cada persona ya _no enseñará a nadie_ a su prójimo ni a su hermano, diciendo: 'Conoce al Señor", porque **todos** me conocerán [por la _experiencia personal_], desde el más pequeño hasta el más grande, dice el Señor. Porque Yo les perdonaré sus maldades y Yo no me acordaré más de sus pecados."

Esto lo confirmamos en **Mateo 23:8**, **Juan 6:45** y **Hebreos 1:2**.

Las Iglesias No Han Sido Encargadas a Enseñar

Pero, si este _es sistema de enseñanza_ directo de Dios por medio de Su Espíritu, entonces, esta voluntad de Dios _excluye_ instituciones humanas religiosas a _enseñar_ a los nuevos creyentes de hoy Su

Palabra en el sentido de un plan de estudios, a como es en una universidad o colegio. El resultado de ignorar esta instrucción se puede observar en el estado actual de hoy en la iglesia organizada por el fracaso de ellos en producir discípulos. Desde mi punto de vista, es muy posible que estos líderes religiosos ven este sistema de Él, como una *amenaza* a su empleo, título y posición, y a sobre su influencia sobre las ovejas. Por eso me imagino, que ninguna denominación o secta va a enseñar a las ovejas esta clase de enseñanza. Suena duro, pero ¿qué nos dijo Él que hiciéramos ante algo que *daña* nuestra fe y vida espiritual? En **Mateo 7:16** nos dice:

"Por sus *frutos* los conocerán [es decir, por su *doctrina artificial* y su *egocentrismo*]".

Y más adelante, en el **versículo 7:20**, Él nos da la conclusión para hacer una buena decisión para nuestra protección:

"Así que, por *sus frutos* los reconocerán [por quiénes son]".

MI CAMBIO PERSONAL

Para mí, fue fácil ver mi pobreza espiritual como fruto de esas malas enseñanzas. Decidí entonces a eliminar al *intermediario* religioso puesto que Él ya nos lo dijo en 1 Timoteo 2:5:

"Porque hay un *solo* Dios, y un *solo mediador* entre Dios y los hombres, Jesucristo el hombre."

A sí que, yo solo tengo la responsabilidad a obedecer *solo al Espíritu*, no a los hombres. Intenté compartir estas verdades con otros, pero al hacer esto, uno tiende a convertirse en una moles-

tia o, en una "amenaza" percibida por quienes están al mando (Hechos 4:19) o solamente a ser tolerado o ignorado. No me importaba, pero yo simplemente, no podía a pasar por alto, o de tolerar la enseñanza del error a ser disfrazado como a ser la "Palabra de Dios"—yo elegí mi propio camino (Hechos 4:19). Simplemente tenía que dar los pasos necesarios para seguir Su plan para mí propia vida. En Juan, capítulos 14, 15 y 16, Él nos explica cómo la promesa de Isaías 54:13 se implementaría para cumplir en nosotros su promesa de *hacernos discípulos*, con un sistema donde nuestro *cambio surge desde dentro, hacia afuera*, y no desde fuera para adentro en el sistema religioso, lo mismo que fue en el sistema sacerdotal de Israel, cuyo estilo, costumbres, y modos, de una forma u otra, han sido copiados por todas las religiones del mundo.

Solo el Espíritu Guía

En **Juan 14:26** y **16:13** Él explica el trabajo del Espíritu:

> "Pero cuando Él, el Espíritu de la Verdad, venga, os guiará a TODA la verdad [la verdad plena y ***completa***]. Porque Él no hablará por iniciativa propia (como en nuestras iglesias), sino que Él hablará lo que oiga [del Padre: el mensaje acerca del Hijo], y les revelará lo que ha de venir [en el futuro]".

> (Es la clase de verdad que no es solo una *parte* de la verdad, sino de ***toda*** ella, sin dejar espacio para *ninguna pretensión* religiosa, en tener ellos, su propia "verdad").

Ahora la pregunta es: ¿quieres saber la Verdad ***de*** Dios, o la ***del*** hombre religioso? Con este canal de *Espíritu a espíritu*—no a través del filtro humano—¿cuál iba yo a elegir? Sabiendo cuál es Su voluntad, mi decisión fue clara, y no requirió mucho esfuerzo de hacer, ¿no es así?—La Verdad que solo Él la puede dar, no la de una denominación, secta, o culto—pero eso, solo tú lo puedes decidir.

DIOS YA LO HIZO TODO

Dios ya ha hecho _todas_ las _obras_ para nosotros _desde la fundación del mundo_, a como lo dice en **Hebreos 4:3**:

> "Sus obras fueron _completadas desde la_ **fundación** _del mundo_ [esperando por todos _(aquellos)_ que iban a **creer**]."

Seamos honestos aquí, cualquiera puede decir: "Pero yo creo en Jesús y en la Biblia". Claro que sí, pero si no actúas en consecuencia, ¿realmente "crees"? No sé cuántas veces oí orar, incluso yo al principio de mi caminar con Él: "Dios, ayúdame a cambiar mi vida." Esto es lo mismo como pedir un vaso de agua, y después de recibir, pedir una ayuda para tragársela—es risible. Eso es lo que yo hice también cuando yo no sabía Su Verdad.

LA OBEDIENCIA CAMBIA TODO

La solución de transformar y cambiar una vida es personal y depende _totalmente_ de nosotros. Puedo asegurarle a cualquiera—en _obedecerle_ a Él, de acuerdo con el consejo de **Santiago 1:22-25**, fue lo mejor que yo pude hacer, esto fue lo que revolucionó mi caminar cristiano y mi existencia diaria, irrevocablemente después de años sintiéndome desequilibrado, y sin vivir la promesa de **Juan 10:10**. Pero vino un día, meditando en porque, mi vida no había cambiado en nada, y era un total desastre cuando finalmente una pregunta entró en mi mente, "Hijo, cuando leíste 'El Paraíso Perdido' cuando eras joven, ¿en qué manera lo leíste?" La respuesta fue obvia—desde la primera oración del capítulo 1, hasta la última oración del capítulo final. Mi rutina de lectura de la Biblia consistía en memorizar versículos concretos, uno aquí y otro por allá, sin darme cuenta de que _cada libro debe leerse de principio a fin_ si uno quiere comprender su contexto. Fue entonces cuando se me encendió una bombilla dentro de mi cabeza, y me di cuenta porque, después de 40 años leyendo mi Biblia, yo _no comprendía su contenido, ni de su significado_, ya que yo lo hice a como tirar dardos al azar, o como a tirar un plato de espagueti a la pared para ver si algo se pegaba.

Al realizar esa locura, entendí por qué mi religión (no mi caminar) no funcionaba—yo sospecho que fue Él, quien sembró esa pregunta en mi mente.

Desde ese entonces, yo leo hoy Su Palabra cada día, en su orden, de **Génesis 1:1**, hasta el fin de **Apocalipsis 22**. Empecé a leer su libro de cabo a rabo por lo menos una vez al año, y luego, después de experimentar unos cambios más asombrosos en las circunstancias de mi vida, decidí a doblar mi lectura, y hacerlo cada seis meses. Me tomó 30 años buscar a mi Dios cada día, así que, en retrospectiva, yo no fui diferente del rey Saúl, a quien le tomó años construir un altar a Dios después de ser elegido por Él para ser rey (**1 Samuel 14:35**), en comparación con David, que lo hizo desde el principio.

MI MÉTODO SIMPLE

Comparto mi método, por si caso quieres intentarlo y comprobar por ti mismo, que Él es fiel a su Palabra y a sus promesas. La Biblia tiene 1,189 capítulos; divididos por 365 días son **3.25** capítulos al día. Redondeé a **4**: dos del Antiguo, y dos del Nuevo Testamento a leer diario.

Día 1: Génesis 1-2, Mateo 1-2.
Día 2: Génesis 3-4, Mateo 3-4.
Día 2: Génesis 5-6, Mateo 5-6.

Y así, sucesivamente en adelante.

Después de 11 meses lo terminé por la primera vez in mi vida cristiana y empecé de nuevo. Para el cuarto año lo redoble a 4 capítulos en el Antiguo, y 3 del Nuevo, leyendo su libro, dos veces al año, de cubierta a cubierta. Este simple cambio en mi vida diaria fue lo que realmente ***transformó*** por siempre, mi relación con Él, y mi vida entera.

Él No Se Apareció Solo a Salvar, Pero También a Dividir

La primera revelación que yo recibí al leer su libro de cubierto a cubierto, fue el conocimiento de que *la salvación no tiene <u>nada que ver</u>* con nuestra *<u>admisión y entrada</u>* al Reino de Dios. Esto fue un asombro para mí porque, ya que si este el caso, y lo es, ¿cómo podría yo entonces, *<u>buscar</u>* el Reino de Dios (**Mateo 6:33**) sin saber esta diferencia? Por supuesto, esto me impulsó de inmediato a buscar y descubrir la *<u>diferencia</u>* entre estas dos metas (**Prov. 25:2**). La respuesta a esta pregunta fue dada en **Juan 9:39** con detalles, traduciendo el pasaje con la mejor precisión posible en el contexto griego original:

> "Entonces Jesús dijo: 'He venido a este mundo (no solo para salvación universal, sino también) para *<u>juicio</u>* [para **separar** a los que **CREEN** en Mí (hablando a los *<u>cristianos</u>*, no a los perdidos) de los que me **rechazan** (a ser un sacerdote ante Él)—para *<u>declarar</u>* el juicio (de **Oseas 4:6**) sobre quienes *<u>eligen separarse</u>* (a ser un

sacerdote) de Dios], para que los ciegos _**vean**_, y los que
**ven** (Su Palabra frente de ellos) se vuelvan _**ciegos**_'."

Este mensaje esta velada en este verso (lea **Prov. 25:2**), además del obvio significado dirigido para los fariseos, es múltiple. Nuestra idea de que Él vino _solo_ para morir en la cruz para salvar a la humanidad se ve modificado aquí, por el claro mensaje de que Él vino también a dividir a aquellos que _**creen**_ en Él, y no a dividir los hijos de Satanás de sus suyos, ya que ellos siempre serán malvados y perseguirán a los piadosos (lea **Ezequiel 24:38**; **1 Juan 3:12**; **Judas 1:11**). Si, por cierto, esto también me costó creer a mí mismo, en asimilar esta noción, y necesitaba más confirmación, cual la encontré al analizar la palabra griega traducida como "juicio", cual significa:

a). Condena de un mal, una _**decisión**_ [ya sea severa o leve].
b). Un asunto que debe resolverse _**judicialmente**_.
c). La _**sentencia**_ de un juez.

A como se puede ver fácilmente, esto no tiene _nada que ver_ con el Juicio Final, sino con lo que Pedro mencionó en **1 Pedro 4:17**, donde:

> **"Porque es el tiempo [destinado] para que el** _juicio comience_ **con la casa de Dios (el Tribunal de Cristo en 2 Corintios 5:10), y si comienza con nosotros, ¿cuál será el fin de quienes no respetan, creen ni obedecen el evangelio de Dios?"**

Pero aún Él no había terminado con este verso, Él me señaló a leer Juan 7:38, donde su propia familia no creyó en El, y estaban _**divididos**_**, ya que solo Santiago y Judas se convirtieron en sus discípulos, pero nunca supimos de José, Simón, y al menos** _dos_ _**hermanas**_ **que conozcamos (Mateo 13:55). Pero ¿qué hay acerca**

de la ceguera? Sí, Él también me señaló que esto está sucediendo ahora mismo con los cristianos de hoy, al no estar conscientes de esta diferencia entre ser simplemente salvo, o ser salvo más poder *entrar al reino* también. Pero, aun así, Él no había concluido, ya que me señaló el entorno de esta división.

Por supuesto, estas revelaciones me impactaron profundamente y me dejaron atónito. De inmediato pedí más confirmación, aclaración, y comprensión, y la recibí primero, en Mateo 9:34-37, que se refiere específicamente a la *familia* cristiana, no a las de los perdidos que no son salvos, la descendencia de Caín:

> "No piensen que he venido a traer paz a la tierra; no he venido a traer paz, sino espada [de *división* entre *la fe* y la *incredulidad* de Su Palabra]. Porque he venido a poner al hombre *contra* su padre, a la hija contra su madre, y a la nuera contra su suegra; y los enemigos del hombre serán los de su *propia* casa [cuando uno cree (su Palabra *respaldada* con acciones) y otro no]. El que ama a su padre o a su madre más que a mí, no es digno de mí [estar en su *presencia*]; y el que ama a su hijo o a su hija más que a mí, no es digno de mí (cualquier cosa que *anula la obediencia*)".

Esto nos lleva a una pregunta interesante—si solo "creer" es *suficiente* para ambos, la salvación y a la entrada al Reino es la misma cosa, ¿acerca de qué, entonces, una familia cristiana va a estar dividida? Reflexionemos—¿por qué Él nos dice que habrá dos tipos de seguidores dentro del Cuerpo de Cristo donde uno *no va* a estar de acuerdo con el otro? Bien, ¿No había también *dos grupos* de creyentes en la multitud *salvada* *que* *creyeron* en el Evangelio de Moisés? Unos creyeron lo que Dios dijo a través de

Moisés (Su Espíritu Santo para nosotros hoy), y lo _obedecieron_, y el otro grupo que _desobedecieron_.

Uno es libre de creer que esto puede ser simplemente otra "_coincidencia_" pero, dada toda la evidencia presentada, ¿puedes tu a comenzar a conectar los puntos? Desafortunadamente, como dijo un sabio instructor bíblico, cuando se trata de teólogos, eruditos, y todo el séquito religioso que los siguen, donde ellos "Leen lo que Creen, en lugar de _Creer lo que Leen_".

La Biblia es Nuestro Carta de Dios

Por si alguien no pueden entender, o creer esta revelación, esta es la lección de la historia del Éxodo—donde nuestra Biblia es el _equivalente_ a los Diez Mandamientos escritas en una tabla de piedra, y Moisés, el _símbolo_ de Cristo, y Aaron el portavoz, es el símbolo del Espíritu Santo _enseñando_ Su Palabra Viva. Sin embargo, los esclavos se dividieron en dos bandos: Josué y Caleb, que _creían_ y tenían fe en la Palabra de Dios que provenía de Moisés, y el resto, que se negaban a creer. ¿Podemos ahora detectar la flagrante discordancia entre la manera en que Dios _enseña_ el _significado_ de su Palabra a través de Su Espíritu (véase Salmo 91:16), y la del _método humano_ a través de la cátedra religiosa con su complejo de iglesias?

Sin Saber, Somos Ciegos

O sea, si uno _no conoce_ Su Palabra a través de Su Espíritu, _no la vamos a entender claramente_, y por supuesto, ni también el plan que Él tiene para cada uno de nosotros. Así que, aunque estamos salvos, seguimos _siendo ciegos_, a como Él advirtió a los judíos en **Isaías 6:10; 29:9-10** y otras escrituras.

La Lectura de Su Palabra Debe Ser Guiada por El Espíritu

Esta ceguera espiritual es el resultado directo de estudiar Su Palabra a nuestra manera y sin la guía de Su Espíritu (**Isaías 6:8-10**; y en **29:9-10**). Yo no iba a moldear mis hábitos de lectura a esta horma religiosa y decidí cambiar mi voluntad por la de Él. Empecé a leer tal como fue escrito por Él, sin prejuicios ni filtros, dejando mi intelecto a un lado, y permitiéndome mi espíritu a sumergirse en lo que estaba leyendo, sin distracciones, y reflexionando sobre lo que leía después, con una mente abierta a Su Espíritu.

Es entonces cuando las conceptos y lecciones espirituales comenzaron a surgir dentro de mi mente y espíritu, por sí solas, no mis propias, sino a medio de la obra de Su Espíritu. Esta experiencia será única para cada uno de nosotros. Usted puede sacar sus propias conclusiones acerca de este proceso, porque yo considero que esta es una fase muy personal entre Él y nosotros y será a ser moldeado alrededor del lugar en el que uno se encuentre en ese camino personal con Él.

El Espíritu lo Hace Claro

Dios adapta sus instrucciones para que se ella se ajusten a nuestro nivel de comprensión y experiencia espiritual—esto no se parece en nada a lo que nosotros hacemos, por naturaleza, cuando tratamos con otros. Esta rutina de leer constantemente su Palabra y permitir que Su Espíritu haga Su obra, imita la programación de una computadora—ya sea, en leer los datos ingresados (los ojos como el teclado) y luego almacenarlos (nuestra memoria como RAM). Una vez logrado esto, entonces necesitamos un sistema operativo para procesar la información almacenada y nos enfrentamos a dos opciones de Sistema Operativo, ya sea el del hombre

a través de su religión, o incluso nuestro propio intelecto, o el del Espíritu de Dios, porque _solo_ Él pueda descifrarlo sin la ayuda de nadie, ya sea de tu pastor, un gurú de cualquier religión, o de algún chamán espiritual—antes de Jesucristo, estas eran las únicas opciones para aquellos humanos que andaban buscando el significado de esta vida. Pero después de la cruz, tenemos al Consolador (Juan 14:26; 15:26, y 16:13) enviado por nuestro Padre, quien, en su tiempo, le traducirá, interpretará y revelará las lecciones que Él mismo escribió, _dentro tu espíritu_, sin ningún esfuerzo. Este es lo que está detrás, y el tema de Romanos 12:2:

> "No se _conformen_ a este mundo [ya con sus _valores y costumbres superficiales_], sino sean _**transformados**_ y cambiad _**progresivamente**_ [a medida que se maduren espiritualmente] mediante la _renovación_ de tu mente [enfocándoos en _valores_ piadosos y actitudes _éticas_], para que comprueben [por _ustedes mismos_] cuál es _la **voluntad** de Dios_—lo que es bueno, agradable y perfecto [en su _plan y propósito_ para ustedes]".

Entonces, surge otra pregunta interesante ¿A quién vas a dejar tú, a programar tu mente, a Dios, al hombre, a por ti mismo?

Es Nuestra Decisión, No la de Otros

Es curioso cómo un entramado de versículos entrelazados pinta un río vivo, que fluye de nuestro interior, según Juan 7:38:

> "El que cree en Mí [que se _adhiere_, _confía_ y se _apoya_ en Mí], a como dice la Escritura: 'De su _interior_ correrán _continuamente_ (como en una meditación de día y de noche) ríos de agua viva" (véase Juan 6:63).

Los Evangelios reflejan este sentimiento—el agua está asociada a Su Palabra (en Juan 4 y en el capítulo 15).

EDIFICAR SOBRE EL FUNDAMENTO DE ÉL

Ahora, una vez que yo comencé a edificar sobre este fundamento (Mateo 7:24; 1 Corintios 3:11; Efesios 2:20) donde todos los vacíos que existían, con respecto a mi propio conocimiento bíblico y que yo no comprendía, a como la correlación entre nuestra mente, espíritu, la Palabra y Su Espíritu fueron todos reconocidas. Mi cercanía y la comunicación entre Él y yo se hizo real, superando esa primera chispa que yo expirenmenté en 1975 cual encendió de nuevo. Impensable de tener y experimentar dos o tres años más tarde después de mi salvación, pero ahora, una realidad. Esto es como el viajar a otros lugares distantes—la belleza de un lugar no se aprecia hasta que son visitados. Así fue como yo coseché uno de los muchos beneficios de la vida de Juan 10:10 y, sorprendentemente, también recibí los tesoros del Salmo 91, especialmente esa promesa de su pasaje final.

"Lo saciaré de larga vida, y Yo le _consentiré_ a **VER** mi salvación."

Y en **Isaías 58:8**, nos agrega más:

"Entonces _tu luz_ despuntará como el alba, y tu sanidad (restauración, nueva vida) se revelará con rapidez; irá tu justicia delante de ti (conduciéndote a la paz y la prosperidad), y la gloria del _Señor será tu retaguardia_".

DIOS RESPONDE PRIMERO

Pero su bendición no termina ahí—**Isaías 65:24** nos dice que:

> "Y sucederá que _antes_ que clamen, Yo responderé; y
> mientras aún estén hablando, Yo habré oído".

Pero reflexiona—este cambio interno no se puede explicar ni describir, sino simplemente hay que vivirla. Esto pasa sin señales ningún alboroto, solo ocurre por sí misma. Esto es validado en **Lucas 17:20-21**:

> "Cuando los fariseos le preguntaron cuándo vendría
> el reino de Dios, respondió: 'El reino de Dios no ven-
> drá con señales visibles ni con un despliegue visible; ni
> dirán: "¡Miren! ¡Aquí está!" o "¡Allí está!". Porque el
> reino de Dios está _dentro_ de ustedes [por _Mi Presencia_
> (en la forma del Espíritu Santo)]".

COMO UNA BRISA

Este cambio dentro de uno está al mismo nivel de lo que Jesús le dijo a Nicodemo en **Juan 3:8**:

> "El viento sopla donde quiere, y oyes su sonido; pero
> no sabes de dónde viene ni a dónde va; así es _todo_ aquel
> que es _nacido_ del Espíritu".

Dios _nunca_ nos pide algo que nosotros no podemos hacer—Él lo hace _todo_, para que _confiemos solo_ en Él cuando trabajamos con el Espíritu de Él. Por eso, Él lo planeó de tal manera, donde _solo_ Él es el único que lo puede hacer. ¿Por qué? Para que podamos _adher-_

irnos, *confiar*, y a *depender únicamente* en Él. Y el segundo factor más importante de reconocer—es el conocimiento de que su Espíritu *no* puede obrar *nada* por ti sin nuestra *participación* y *cooperación* con Él.

Esta *transformación* (la renovación de nuestra mente en **Romanos 12:2**) *solo* puede lograrse por, y, a través de Su Espíritu, porque en palabras más sencillas, Él nos dice:

> "Si el *Señor no edifica la casa*, en *vano* trabajan los que
> la edifican; si el Señor no guarda la ciudad, en vano
> vela la guardia" (**Salmo 127:1**).

SOLO POR SU ESPÍRITU

Nada va a pasar en nuestra vida cristiana si nosotros *creemos* que el cambio va a venir de afuera adentro por tu religión, o por medio de nuestros propios esfuerzos, una iglesia, o por un pastor, o sacerdote. Esto pasará:

> "**No** por la fuerza ni poder, sino por **Mi Espíritu**, dice
> el Señor" (**Zacarías 4:6**).

Ahora viene la parte difícil de esta ecuación, donde esto no puede abordarse desde un punto de vista humano, sino desde Su perspectiva y desde el punto de vista de Su Palabra. Él no pasará por alto la desobediencia ni a tomar atajos; este es Su camino predestinado, no el camino que tú elijas, no porque Él no quiera ayudarte, sino porque hay un conjunto de leyes y reglas espirituales que Él estableció con Adán (**Genesis 1:28**), donde Él vendrá a respetar y cumplir **Su Palabra**, porque Adán entregó *toda* esa autoridad que Dios le dió a él, en Edén, y él lo **transfirió** de vuelta a Satanás (vea **Lucas 4:6-7**; **Mateo 4:8-9**).

Dios no *violará* ni tampoco **_comprometerá_** la *integridad* de Su Palabra por Su amor a Sus hijos. Este es un estudio aparte, pero si quieren comprenderlo, lean **Génesis 1:28; Salmo 138:2; Marcos 13:31; Lucas 16:17, 21:33**; y, especialmente, **Juan 10:35**.

VIVIR POR SU PALABRA

Podemos definir y enmarcar esta limitación en términos humanos, pero verla a través de Su perspectiva, cual exige rigor a como la Verdad revelada por el Espíritu, así como tener la fe para creerlo—Su Palabra no tolera la *desobediencia* ni la *evasión* de seguir Sus instrucciones en **Juan 14:26; 15:26 y 16:13**. Es Su voluntad o nada—Dios no quebrantará la Palabra que Él le dio a Adán, ni siquiera por amor a todos sus hijos que viven en este mundo. ¿Por qué, es Dios impotente? ¡Claro que no! Él ya te ha dado *todas* las herramientas que necesitas para *superar* cualquier obstáculo que el diablo te ponga por delante—el único problema es que, como en el desierto del Sinaí, ¡debes de **_obedecer_** sus *mandatos*!

Para explicarlo con un ejemplo más sencillo, un fabricante de automóviles te vende un coche y garantiza su rendimiento siempre que uses el *combustible recomendado*: la gasolina. Pero si yo insisto en usar agua porque es más barato, ¿qué crees que pasará? Con Dios sucede exactamente lo mismo—Él nos ha provisto del vehículo perfecto para nuestra salvación, pero si nosotros insistimos en seguir nuestra propia manera y camino, ¡ese vehículo no irá a ninguna parte! Aún tendrás el vehículo, pero es inútil en lo que a Él respecta. Esto por sí solo, resuelve esa pregunta absurda, antigua, y ridícula—"¿Por qué Dios permite el mal en este mundo?"

Algunos podrían considerar esta explicación como "áspera", pero yo lo relaciono con **Juan 10:34**:

"Si Él los llamó dioses, hombres a quienes vino la Palabra de Dios [y la Escritura (la Palabra de Dios) **no** puede ser _deshecha_, _anulada_, ni _quebrantada_]."

Si esta regla se aplica a Su Palabra dada a Adán, también se aplica para nosotros. E igualmente importante es el verso en **Deuteronomio 8:3**, cual es reflejada en **Mateo 4:4**:

"Pero Él respondió y dijo: 'Escrito está: No solo de pan vivirá el hombre, sino de _**toda**_ Palabra (no por la religión del hombre) que sale de la boca de Dios (en nuestra Biblia)".

En resumen, debemos de discernir _claramente_ que _el modelo de salvación_ en el Nuevo Testamento cual es _exactamente el **mismo**_ que en la historia del Éxodo—Él revela Su Palabra, es declarada por su Espíritu (a como lo hizo Moisés), y _**nuestra responsabilidad**_ es que debemos escucharla y a _**obedecerla**_.

CAPÍTULO CUATRO

Solo Hay Un Portavoz

IMITANDO LO REAL

No sería descabellado afirmar que el cristianismo actual—denominaciones, sectas, y cultos—simplemente han duplicado una forma de la idolatría del Antiguo Testamento que practicaban los judíos, cuando introdujeron la adoración de los dioses cananeos en su cultura religiosa, a como se ve en el Libro de los Jueces, tras el fallecimiento de la generación de Josué. Sin embargo, hoy, en lugar de un Sumo Sacerdote, encontramos un papa, un presidente, arzobispos, imanes, etc.—y en lugar de levitas, sacerdotes, pastores, predicadores y clérigos. Al igual que ellos, se han *desviado de <u>la verdad</u> de Su Palabra*, del orden de adoración visto en la iglesia del primer siglo, y de las enseñanzas del <u>*estilo de vida*</u> que Jesús enseñó, Las enseñanzas del estilo de vida que Jesús modeló y enseñó, para que podamos imitarlo y enseñarlo a otros, que es la verdadera evangelización que El expone en **Mateo 28:19**:

"Por tanto, id y _haced discípulos_ de todas las naciones
[ayudad a la gente a conocerme, a creer en Mí y a _obe-
decer_ mis palabras], bautizándolos en el nombre del
Padre, del Hijo y del Espíritu Santo".

Contrasta esto con el legado de la _religión_ (no un estilo de vida)
cristiana organizada nos ha dado hoy—se han convertidos en un
ejemplo perfecto de una Torre de Babel religiosa con cientos de religiones, denominaciones, cultos y sectas, cada una repitiendo su propia versión del "cristianismo".

Este nuevo sistema religioso nació en el siglo III, a como la
Iglesia Católica, el patrón de todas las otras religiones cristianas, la
cual cambió, bajo el control e influencia de los Césares paganos, la
fe cristiana, y reformuló el _modo de vida_ que Él nos dejó, por un edificio en una esquina, o plaza, al estilo de templos babilónicos, que
hemos llegado a conocer como "iglesias", imitando el sistema judío
que Jesús condenó (**Mateo 23**; **Lucas, capítulos 6**, **10 y 11**).

Sin embargo, lo que derrotó al Imperio Romano, fue el modelo
de la iglesia que Cristo nos dejó, y _no el patrón_ del sistema religioso
judío. Satanás, al no poder aplastarla (**Mateo 16:18**) con la perse-
cución, se infiltró, y la subvirtió a ella, cambiando el **discipulado**
por la **creencia**, y el **estilo de vida cristiana** por una **religión** de
imitación pagana. Sin embargo, debemos recordar que siempre y
perennemente habrá un _remanente fiel_ a su Palabra y a sus caminos.

UN PARALELO HISTÓRICO

Trate yo de encontrar una alegoría bíblica para este sistema
eclesiástico, que abarca desde la era apostólica, hasta la moderna a
como se borró el legado de Jesús—cual es una alterada réplica de los
principios de su Palabra en vestidos de religión, y dirigidos por una
maquinaria religiosa, similar a los sistemas paganos de antaño—solo

que este sistema tiene una fachada cristiana. La apostasía de Israel después de Moisés refleja bien la nuestra—la voluntad de Dios, sustituida por la tradición.

El judaísmo también comenzó como una forma de vida bajo Moisés, basada en la Palabra de Dios, cual se corrompió cuando Israel rechazó su pacto y Sus reglas, y Él fue reemplazado por jueces, profetas y, más tarde, por reyes (**1 Samuel 8:4-7**), anhelando a integrarse, asemejarse, y vivir como los paganos. Y, efectivamente, este mismo cambio que se prodigio también en el cristianismo, y para el siglo III, se aconteció a lo mismo que fue profetizado por Él a Moisés. Y, efectivamente, yo encontré su paralelo en la historia de **1 Samuel 8:4-7**.

El protestantismo dio origen a una nueva era y procesión de múltiples "reyes" con numerosos tipos de nuevos "papas", con diferentes títulos pomposos (cuáqueros, bautistas, mormones, presbiterianos), ecos modificados del molde católico, pero ahora universal. Este es el modelo cristiano general de hoy. En aquellos días, yo vi a personas, que yo consideraba creyentes estables, abandonando la fe, o cambiando sus denominaciones, como si se trataba de cambiar su ropa dominical, frustrados por sectas por la constante súplica por dinero, vendiendo sus propias doctrinas y estilos, y muy poco acerca de la Palabra de Dios y la vida que solo Él puede darnos.

ADVERTENCIA DE LOS EVANGELIOS

Los Evangelios y los escritos del Nuevo Testamento profetizaron esta distorsión. Al igual que en el Antiguo Testamento, esta distorsión dio origen a la religión que, en última instancia, esa ignorancia sobre quién es Dios realmente, destruyó por completo a la nación de Israel para el año 70 d. C.—lo cual fue, al nivel personal, ruinoso para todos ellos en aquel entonces—y para nosotros hoy también. Todo esto fue escrito únicamente para revelar a los santos de la Iglesia del

Nuevo Testamento sobre el seguro *fracaso de la religión* que proviene de los hombres en ausencia de *Su Presencia* y la *Verdad* de *Su Palabra* (**Romanos 15:4; 1 Corintios 10:11**).

Esto subraya la *necesidad y el propósito* de la morada de Su Espíritu dentro de nosotros.

La ignorancia de las ovejas permitió a estos hombres a cambiar un modelo divino *superior al de los apóstoles*, donde ellos, solo lo tenían a Él a su disposición personal, en las horas de vigilia—pero nosotros lo tenemos las *24 horas del día*, los *7 días de la semana*—sin ninguna *ignorancia espiritual*, sin ninguna innecesaria *mediación*, ni la *interferencia* de los hombres religiosos.

A modo de recordatorio, comparemos la elección del apóstol Matías (*elegido por el hombre*) con la de Pablo (*elegido por Dios*, *lleno* de Su Espíritu)—esta es la brecha y la divergencia entre la religión e iglesias del hombre, y de una vida *guiada por el Espíritu*. La terquedad del hombre no conduce a ninguna parte—Jesús nos dejó un *estilo de vida*, no un edificio en una esquina—sin necesitar la enseñanza de un intermediario religioso, pero solo la de Su espíritu (véanse **Mateo 23:8-10; Juan 3:2** y **13:14**).

UN ECO DE ISRAEL

Israel demostró más allá de toda duda razonable que la religión, inventada por el hombre, *no funciona*, ni tampoco los miles de las otras variantes de ella. Ahora, si esto no fuera la verdad, ¿Cuál sería Su razón de enviar su Espíritu *dentro de cada uno de nosotros*? El sentido común, perdido desde el siglo III, debería gritarnos a esta verdad. Mi problema después de mi conversión no fue la fe cristiana, sino la densidad del velo, y la rigidez de la religión.

Yo no estoy aquí, retratando, ni definiendo un "nuevo" cristianismo, dogma, o doctrina, sino la alineación bíblica para aquellos que están *dispuestos a desprenderse* de su bagaje religioso para poder *transformar* tu mente, y para *caminar* con Él buscando primero, Su reino, según **Mateo 6:33**, y su desarrollo en el capítulo **19:26**:

> "Pero Jesús, mirándolos, les dijo: 'Para los hombres *esto es imposible*, pero para Dios *todo es posible*'."

Y **Marcos 9:23** añade:

> "Jesús le dijo: 'Si puedes *creer*, al que cree *todo* le es posible'". (Véase también **10:27**).

PIEDRAS VIVAS, NO LADRILLOS

En conociendo Su Palabra, uno da fruto con tiempo, pero solo si no estas *dependiendo*, ni buscando una *aprobación* por el hombre o tu iglesia. Las iglesias moldean a sus miembros como copias al estilo de ladrillos, esforzándose a hacer que sus miembros sean conformistas sin realizar que:

> "Un pueblo que continuamente me *provocan* en mi cara, sacrificando [a los ídolos] en jardines y haciendo ofrendas con incienso *sobre ladrillos* [en lugar de en el altar designado (de *piedras*)]" (**Isaías 65:3**; **Éxodo 20:25; 1 Juan 2:5**).

Y no como "*piedras vivas*" que no son copias de nadie:

> "Vosotros, como *piedras* vivas, están siendo *edificados* (por Su Espíritu) como una casa espiritual para un *sacerdocio* santo y consagrado, para ofrecer sacrificios espirituales [que son] *aceptables* y agradables a Dios por medio de Jesucristo." (**1 Pedro 2:4-5**).

Dios quiere individuos originales, no _reproducciones_. Tras Moisés y Josué, el camino de Israel con Dios se volvió a una religión. Igual pasó con los Cristianos tras los apóstoles.

LA LECCIÓN EN LA HISTORIA DE SAMUEL

El episodio de **1 Samuel 8:4-7** ilustra el modelo cristiano de hoy, cuando el rebaño _elige la enseñanza del hombre_ en lugar de la de su Espíritu, _desafiando_ Sus instrucciones en **Juan 14:26**, **15:26** y **16:13**:

> "Entonces todos los ancianos de Israel se reunieron y fueron a ver a Samuel en Ramá, y le dijeron: 'Mira, tú has envejecido, y tus hijos no siguen tus caminos. Ahora, asígnanos un rey que nos juzgue [y nos gobierne] como a todas las **demás naciones**'. Pero su petición desagradó a Samuel cuando dijeron: 'Danos un rey que nos juzgue y nos gobierne'. Entonces Samuel oró al Señor. El Señor le dijo: 'Escucha la voz del pueblo en cuanto a todo lo que te digan, porque ellos no te han **rechazado** a **ti** (en nuestro caso, Su Espíritu), _sino a **Mí**_, para que Yo no sea rey sobre ellos'."

Hay que notar que, Dios se _identifica_ con Samuel, a como Si Mismo—Su profeta es, ante el pueblo _como Su Presencia_. Así como Él se identifica con su Espíritu en **Juan 14:16-18**:

> "Y yo le pediré al Padre, y él les dará otro Consolador (Alentador, Abogado, Intercesor, Consejero, Fortalecedor, Ayudador), para que esté con ustedes para siempre—el Espíritu de verdad, al cual el mundo no puede recibir [ni acoger en su corazón] porque no

lo ve, ni lo conoce; pero *ustedes lo conocen*, porque Él (el Espíritu Santo) *permanece* con ustedes para siempre y estará en ustedes. No los dejaré huérfanos [desamparados, afligidos e indefensos]; **Yo** (en *la forma* de Su Espíritu) volveré a ustedes".

Este entendimiento sustenta la idea donde una clase humana dominante, como reyes terrenales, podían desempeñar el papel de "dioses" bajo el papado romano, que había *usurpado* no solo el Trono del Padre, sino también la propia *posición de Cristo*, hasta que Napoleón en los 1800's les demostró que estaban equivocados. Todo esto es relacionado con la *delegación de autoridad* de Dios, que es *específica* y es algo muy *serio*, derivada del modelo de los profetas del Antiguo Testamento, siendo ellos símbolos del papel que el Espíritu Santo *desempeñaría para Su futura Iglesia del Nuevo Testamento* (compuesta de *personas*, no por edificios), a como estamos a punto de ver. Las ovejas están totalmente engañadas por la religión en no saber que Cristo Jesús, *delego Su Autoridad* a **TODOS** sus discípulos en Lucas 10:19:

"Escuchad atentamente: Les he *dado* **autoridad** [que **ahora poseéis**] para pisotear serpientes y escorpiones, y [*la capacidad de ejercer autoridad*] sobre **TODO** el *poder* del enemigo (Satanás); y NADA *les hará* daño".

Jesús es El Único

¿Por qué documentar todo esto, o, por qué Dios escribió **1 Samuel 8:4-7**? Bueno, si el Antiguo Testamento es para "*nuestra enseñanza e instrucción*" (**Romanos 15:4**; **1 Corintios 10:11**), entonces todos estos pasajes son *relevantes* y deberían a revelarnos a cómo identificar *quién* es hoy, Su *único Portavoz y Profeta* designado para hablar acerca de Dios y enseñar Su Palabra—Jesús—para estos últimos días, según **Hebreos 1:1-2**:

> "Dios, habiendo _hablado_ hace mucho tiempo a los padres en [las voces y escritos de] los _profetas_ en muchas revelaciones separadas [cada una de las cuales expuso una porción de la verdad], y de muchas maneras, en _estos últimos días_ nos ha HABLADO [con carácter _definitivo_] en [la Persona de UNO que es, por Su carácter y naturaleza] Su Hijo [es decir, Jesús], a quien designó heredero y legítimo dueño de todas las cosas, por medio de quien también Él creó el universo [es decir, el universo como un continuo de espacio-tiempo-materia]".

EL ÚNICO PORTAVOZ

JESÚS HABLA A TRAVÉS DEL ESPÍRITU

A menos que estemos dispuestos a _escuchar y obedecer_ Su Palabra con toda una seriedad, el historial de Dios en la ejecución de Sus juicios, Su confiabilidad y Su trato con la humanidad no deja lugar a dudas que Él ha _nombrado a Su Hijo_, Jesucristo, como **Su Representante** a la humanidad en _todo_ este universo, así que, NO hay _ninguna_ otra voz denominacional de sectas, iglesias, o grupos religiosos que puede reclamar esa oficina espiritual. Siendo esto un hecho, declarado en **Hebreos 1:1-2**, ahora se plantea una pregunta crucial: ¿A quién designó el Hijo para ser Su ÚNICA voz terrenal, y representante, ante la humanidad, después de regresar al Padre? **Juan 14:26** responde a esta pregunta con una total claridad a como ya se afirmó anteriormente:

> "Pero el Confortador [Consolador, Abogado, Intercesor, Consejero, Fortalecedor, Apoyador], el Espíritu Santo, a quien el Padre enviará en **Mi Nombre** (en **Mi lugar**, para representarme y _actuar_ en **Mi Nombre**), <u>Él</u> (no tu denominación, religión ni pastores) les enseñará **TODO** (esto _excluye_ las enseñanzas de _cualquier_ otra persona o grupo religioso, secta o denominación). Y Él les ayudará a recordar todo lo que les he dicho".

Leyendo este pasaje despacio, ¿Qué salta a la vista? De seguro, si uno _no sabe <u>nada</u>_ de lo que Su Palabra **dice**, ¿Cómo uno va entonces a recordar lo que Él dijo a los judíos, apóstoles, y a nosotros hoy?

Sin importar cómo lo mires, **Hebreos 1:1-2** y **Juan 14:26** son incontestables. Estas escrituras forman un cuadro de <u>Quién</u> es el que habla la <u>verdad completa</u> de Dios. No hay forma de negarlo o de contradecir. Ahora, contextualizando esto con **1 Samuel 8:4-7**, vemos el ejemplo perfecto de lo que le sucedió a la fe cristiana después de los apóstoles—en el siglo III, los cristianos aceptaron un nuevo rey en la figura del papa, a quien podían ver con sus ojos, tocar, y oír con sus oídos; un _<u>ídolo humano</u> junto con una religión del hombre_. Ahora ellos podían ser _iguales_ como al resto de los paganos del mundo romano, que adoraban en templos y montañas—lo mismo que Jesús rechazó cuando Él habló con la mujer samaritana (**Juan 4**). ¿Ecos paganos en el catolicismo? Sí, es innegable—yo lo vi con mis propios ojos, y lo experimenté yo mismo, cuando fui un niño.

El Paganismo en la Religión

Nuestro Dios inmutable vió este cambio, en el tercer siglo, igual que la exigencia de Israel de tener un rey—un rechazo a la _primacía_ de Su

Espíritu (**Juan 14:26**; y en **16:13**) que estaba dentro de cual Samuel, como el representante de Dios. En sustituir al Maestro designado, por un representante religioso en 326 A.D., imita a la decisión que los judíos hicieron contra Samuel—cualquiera puede justificar esto a su gusto, pero cuando un cristiano sustituye su Espíritu por aquel de un hombre religioso, o de una mujer religiosa, esto no engaña a Dios—ni se pueden escapar de las _consecuencias_ de esta mala decisión.

Las excusas de nosotros hacemos para justificarnos, no lo convencerán a como se miró in el Jardín de Edén—las consecuencias se avecinan—cual son, la pérdida de la herencia y las recompensas (**1 Corintios 3:15**; **Gálatas 3:18**; y en **4:30**; **Efesios 1:14**; **Apocalipsis 22:12-15**). Optar por una voz denominacional en lugar de su Espíritu, _intencional o no_, refleja _el mismo criterio_ de Samuel—el rechazo del plan de Dios tal a como fue diseñado por Él.

PERDIENDO NUESTRA HERENCIA

En mi razonamiento, aunque este fallo sea intencional o no, es irrelevante, y yo estoy bastante seguro de que el judío promedio en los tiempos de Samuel pensó lo mismo, y no lo vio a la manera a como Dios lo ve, un rechazo contra Él, y no de Samuel. Los judíos del desierto tampoco lo vieron así, pero aún están allí sus huesos, en ese desolado lugar entre Egipto y la Tierra Prometida.

Entonces, una vez más, para dar énfasis ¿Cuál es la consecuencia _principal_ de esta mala decisión de escoger al hombre en vez de Su Espíritu? Su Palabra lo dice claro—perdemos nuestra herencia y recompensas (**1 Corintios 3:15**; **Gálatas 3:18**; **4:30**; **Efesios 1:14**; **Apocalipsis 22:12-15**). Elegir a alguien que representa una religión sobre Su Espíritu es, _aun sin saberlo_, a _rechazar_ al Espíritu que viene de Dios para enseñarte, tal como en la historia de Samuel.

DIOS VE DIFERENTE

Es lamentable que nuestra naturaleza mortal tienda a humanizar a nuestro Creador como si Él fuera como nosotros en mirar las cosas a como tal nos gusta, eso puede ofender o sorprender a muchos, pero **Isaías 55** Él nos dice que Sus pensamientos no son como los nuestros y en **1 Samuel 16:7** agrega:

> "El Señor no ve cómo ve el hombre; porque el hombre mira la *apariencia exterior* (come el deseo de tener un rey), pero el Señor *mira el _corazón_.*"

Y en **1 Juan 1:5**:

> "Este es el mensaje [de la revelación prometida de Dios] que hemos oído de Él y ahora os anunciamos: Dios es Luz [Él es santo, Su mensaje es veraz, Él es perfecto en justicia], y en Él *no hay* ninguna *_oscuridad_.*" (también en **Job 34:21**).

Con Él es *_sí_* o *_no_*, blanco o negro, todo o nada—Su Palabra prueba que esto es lo mismo hoy. En **Hebreos 13:8**, Él nos reitera que:

> "Jesucristo es [eternamente inmutable, siempre] *_el mismo_* ayer, y hoy, y por los siglos."

ÉXODO COMO NUESTRO ESPEJO

Permítanme ilustrar esto de otra manera—consideremos la historia del Éxodo como la representación *física* de nuestra jornada *espiritual* en del Nuevo Testamento—salvados de la esclavitud del pecado

(*Satanás como el Faraón*), recorremos en un desierto (*70-90 años en este mundo*, [**Juan 16:33**; **Hechos 14:22**]) en camino hacia la Tierra Prometida (la vida de **Juan 10:10** para nosotros)—cuál es su Reino espiritual *dentro* de nosotros (**Lucas 17:20-21**). Moisés prefigura a Jesús, Aarón a su portavoz (**Éxodo 4:14-16**), que es el símbolo del Espíritu, guiándonos hacia la conquista de Canaán (*venciendo al mundo*, según **Juan 16:33**) en nuestra búsqueda de la vida abundante de **Juan 10:10**.

Deuteronomio 6:10-11 reflexiona sobre el ***resultado*** para aquellos que lo alcanzan:

> "Entonces sucederá que cuando el Señor tu Dios (*no tú, tu iglesia ni tu religión*) te introduzca en la tierra que juró (prometió solemnemente) dar a tus padres— Abraham (vea **Gálatas 3:29**), Isaac y Jacob—[una tierra con] ciudades grandes y espléndidas que no edificaste, y casas llenas de toda cosa buena que no llenaste, y cisternas excavadas (pozos) que no cavaste, y viñas y olivos que no plantaste".

1 Corintios 15:57 el **como** para nosotros hoy:

> "Gracias a Dios, que nos ***da la victoria*** [como vencedores] por medio de nuestro Señor".

A como se predijo en **Juan 16:33**:

> "En el mundo tendrán tribulaciones, angustias y sufrimientos, pero sean valientes [tengan confianza, no se desanimen, llénense de alegría]; **Yo** he *vencido* al *mundo* [Mi conquista está *consumada*, mi victoria es *permanente*]."

TODO ESTO ES HECHO POR JESÚS, NADA POR NOSOTROS

En Éxodo, Moisés simboliza a Jesús, no solo como liberador, sino también como alguien que abandonó el Palacio del Faraón (vea **Filipenses 2:7**; **Hebreos 2:7-9**) para _identificarse_ con los esclavos, así como nuestro Señor descendió de su trono junto a su Padre para unirse con la raza humana.

Este paralelismo no puede obviarse. Luego Aarón fue nombrado portavoz de Moisés, otra similitud con nuestro Señor nombrando al Espíritu Santo como Su Delegado. Es lo mismo hoy, Jesús, guiando a los esclavos de este mundo por Su Espíritu como su Voz (**Éxodo 4:14-16**), igual que el Espíritu para nosotros. Conquistar Canaán (vencer el mundo) para darnos la vida de **Juan 10:10**. Todo esto es la misma meta de **Deuteronomio 6:10-11** mencionado arriba. Él lo ha _hecho todo_, no nosotros, ni las religiones.

EL REINO DE DIOS NO ESTÁ ESCONDIDO

Entonces, si Jesús nos guía y nos dirige al Reino de Dios después de ser salvos, entonces Él también sabe exactamente, _dónde_ está este reino mientras vivimos en este mundo, ¿cierto? Bueno, dejemos que Él nos lo diga:

> "Cuando los fariseos le preguntaron cuándo vendría el reino de Dios, Él respondió: 'El reino de Dios no viene con señales _visibles_ ni con un despliegue visible; ni dirán: "¡Miren! ¡Aquí está!" o "¡Allí está!". Porque el reino de Dios está _dentro_ de ustedes, [_interiormente_]" (**Lucas 17:20-21**).

A Cómo Llegar Ahí

Después de la cruz, enlaza esto con **Juan 14:26** y **16:13**, y se hace evidente <u>Quién</u> está dentro de nosotros. ¿Y cómo alcanzamos la Tierra Prometida, a como lo hicieron Josué y Caleb? Mediante nuestra *obediencia*—practicando el método de **Mateo 6:33**, junto con **Juan 14:6** y **16:13** como nuestro camino, cual nos lleva a la vida de **Juan 10:10**, nuestra meta terrenal—eterna cuando nos morimos, o seamos arrebatados.

¿Verdad o Broma?

Para el cristiano serio, solo hay dos opciones a creer: Él nos dijo la verdad en todos estos versos, o Él nos engañó con promesas falsas. Si tu *no crees* Su Palabra, entonces no puedes confiar ni creer en **Juan 3:34**:

> "Porque Él, quien Dios envió (*para ti*), habla *las Palabras de Dios* [proclamando el mensaje del Padre]; porque Dios da el [don del] Espíritu sin medida [generosa e ilimitadamente]" (también **Lucas 4:18**).

Tú eres el único que puede decidir a creer por todo esto sin ningún consejo religioso. Tú decides—deja de lado a los intermediarios religiosos en cuanto a la enseñanza de la Palabra de Dios, o comprende el alcance de estas Escrituras, y al igual que Josué, podemos desafiar a los detractores con **Josué 24:15**:

> "Si no les parece bien servir al Señor, escojan hoy a quién servirán: si a los dioses (ídolos) a quienes sirvieron sus padres, que estaban al otro lado del río, o a los dioses de los amorreos en cuya tierra viven; pero yo y mi casa *serviremos* al Señor" (**Josué 24:14-15**).

ÍDOLOS DESENMASCARADOS

Antes que Josué les dijo esto a sus compatriotas judíos, él les pidió que se deshicieran de sus *ídolos*. En aquel entonces, no era fácil de *reconocer* cuáles eran *mis ídolos* después de ser salvo, pero hoy miro que eran en tener un éxito profesional, una cuenta bancaria abultada, pasar de 4 a 8 horas frente al televisor, mis aficiones deportivas, y otras actividades que nos parecen inofensivas, porque no hemos *examinado* la motivación de ellas. Pero, de hecho, cualquier cosa que nos apasione y que *consideremos* más importante que *conociéndolo a Él* a través de su Palabra y su Espíritu, y que se anteponga a Él, o cual lo sustituya por Él, *es un ídolo*.

LA HISTORIA DE SAMUEL ACLARADA

Es necesario comprender que la decisión del pueblo descrita en **1 Samuel 8:4-7** *no significa* que Dios abandonó, rechazó, o renunció a Israel. Él lo notó como un rechazo a su gobernación sobre ellos, a través de Samuel, en la *misma manera* de hoy con nosotros. Toda esta narración es solamente acerca de *rechazar a su Espíritu* para guiarnos contra el diseño de Él, en favor del modelo religioso. Nuestra salvación está asegurada por Él, por Su fidelidad y amor por nosotros (**Números 23:19**; **Romanos 11:29**). Nosotros ya *no somos parte de este mundo* (**Colosenses 1:13**; **1 Pedro 2:9**) a la misma manera a como Él sacó a Israel de Egipto (**Juan 15:19**; **17:14**).

NUESTRA SALVACIÓN ES SEGURA

Por lo tanto, en todo lo que hemos estado hablando aquí, nada de esto *afectará nuestra salvación del todo*, a como lo dice en **Joel 2:32**, **Hechos 2:21**, y **Romanos 10:13**, sino de darle a Él, el fruto de *nuestra obediencia*. ¡Nunca Él nos repatriará de vuelta al mundo! (**Deuteronomio 17:16; Juan 17:14-15**).

Por favor, recuerden también que en lo que respecta a nuestra salvación, nuestra confianza está en que:

> "Dios *no miente* ni se *arrepienta*. ¿Ha dicho algo y no lo hará? ¿Ha hablado y no lo *cumplirá*?" (**Números 23:19**); y también en **1 Samuel 15:28-30; Malaquías 3:6**).

LA IRA DE DIOS EVITADA

Además, recuerden también, a como se mencionó anteriormente, que *debemos* entender *claramente* lo qué la salvación *es*, y lo qué *no es*, pero principalmente que:

> "Por tanto, habiendo sido justificados [libres de la culpa del pecado] por su sangre, seremos SALVOS de la ira de Dios por medio de Él (Jesús)" (**Rom. 5:9**).

Esta verdad es ratificada en **Romanos 1:6**:

> "No me avergüenzo del evangelio, porque es *el poder* de Dios para la salvación [*de Su ira y castigo*] a todo aquel que *cree* [en Cristo como Salvador]" (también en **1 Tes. 1:10** y **5:9**).

En resumen, y en términos sencillos, la salvación *solo nos libra de la* IRA *del Juicio Final*—nada más y nada menos. Lo que sale de los púlpitos arbitrariamente, es que ellos suelen agrupar la salvación, con una de *entrada automática* al Reino, adornada con la cinta de una aprobación religiosa, *no divina*.

Lo siento, Su Palabra no está de acuerdo con esto o con ellos—
no te demores treinta años en comprender esto, a como me pasó a
mí.

PENSEMOS EN TÉRMINOS DEL ÉXODO

Nuestro llamado de hoy es reflejado en la historia del Éxodo—estu-
dien el orden de acampada de **Números 2:1-29**. ¿Qué tribu habit-
aba _alrededor_ del tabernáculo de Su Presencia? Sí, _solo_ los descendientes de Leví—_ninguna otra de las once tribus_, podía hacer esto bajo
pena de muerte.

Esta formación en el desierto _simboliza quiénes_ son que van a
ser permitidos de habitar _alrededor_ del Tabernáculo de la Jerusalén
Celestial (**Apocalipsis 21:3**; y **22:12-15**), revelando la morada de _los
escogidos_ entre los _muchos llamados_.

Esto se explica claramente en **Hebreos 9:23-24**:

> "Por lo tanto, era necesario que las **copias** [terrenales]
> de las cosas **celestiales** fueran purificadas con estas
> cosas, pero las cosas celestiales mismas requerían sac-
> rificios mucho mejores que estos. Porque Cristo no
> entró en un santuario hecho por manos humanas,
> **una mera copia del verdadero** [en el cielo], sino en el
> cielo mismo, para presentarse ahora ante Su _**presencia
> misma**_ de Dios por nosotros".

Solo los obedientes acamparán allí—los demás enfrentan el
rechazo de **Oseas 4:6** (**2 Corintios 13:5-6**; **Hebreos 12:17**). Véase:
Si uno falla la prueba de **1 Corintios 3:13-15**, uno va a _sufrir una
perdida con consecuencias serias_. Nuestro llamado hoy es entonces,
con el propósito de que comencemos a pensar en términos de la
historia del Éxodo, y a familiarizarse con el campamento de Dios en

Números 2:1-29, y prestar atención a *qué tribu* acampó *alrededor* de Su Presencia, y a decidir inmediatamente por nosotros mismos, *si ese es el lugar* donde nos gustaría **vivir** por el resto de nuestra **eternidad**.

Es Una u Otra

Su propuesta (la razón porque Él escribió el Viejo Testamentó) es para que nosotros pensemos en esa lección de la historia de Éxodo. No te equivoques—ese modelo del V.T., *será lo mismo alrededor* de Su Tabernáculo en el cielo (**Apocalipsis 7:15; and 21:3**). Es una situación de una u otra—vivirás ahí, alrededor de su Trono, o serás *rechazado*, (vea **Oseas 4:6; 2 Cor. 13:5-6; Heb. 12:17**) y vivirás *afuera* de la Nueva Jerusalén (**Apocalipsis 22:12-15**).

Si alguien duda de esto, basta con leer las consecuencias en **1 Corintios 3:13-15** y **2 Corintios 13:5**, donde si uno *no pasa* la prueba de fuego, lo único que recibirás es tu salvación, no recompensa. Sabiendo ahora que el vivir en Su Presencia en la eternidad *no es parte* de la salvación—cual es gratis (**Romanos 11:29** y otros)—entonces debemos de realizar que tenemos de hacer *algo*, **SI** queremos ganar esa herencia como nuestra recompensa por un trabajo fiel (**Apocalipsis 22:12-15; Salmo 19:11; Isaías 40:10; 62:11; Jeremías 31:16; 1 Corintios 3:8; 3:14**).

Satanás Trata de Robarte Esta Recompensa

Si algo entra a tu mente que bloquea estas verdades, piensa de dónde viene. Cualquier procedimiento para cambiar nuestro camino en seguir el plan de Dios amenaza al enemigo, el ama cualquier manera de robarnos la mejor recompensa eterna por su odio a Dios y Sus hijos.

Sin embargo, entrar en el Reino exige nuestro *esfuerzo* (**1 Corin. 3:14; Filip. 2:12**), es nuestra recompensa por un trabajo fiel (**Apocalipsis 22:12-15**; **Salmo 19:11**; **Isaías 40:10** y en **62:11**; **Jeremías 31:16**; **1 Corintios 3:8** y en el **versículo 14**). Satanás se deleita en bloquear esta asombrosa recompensa a través del desvío de la religión, a como él lo hizo hacer con Israel durante quince siglos, y con los cristianos durante los últimos dieciocho siglos, robando a los hijos de Dios de lo mejor que Él nos ofrece. Esta es su venganza contra Él, pues nosotros no le importamos nada en absoluto.

DISCÍPULOS, NO CREYENTES

¿El dilema de la iglesia? Su sistema de enseñanza solo puede producir "*creyentes*", no *discípulos* probados, a como Cristo *manda* (**Mateo 28:19**; **Juan 8:31** y en **15:8**). Los discípulos *vencen* al mundo por medio de Él (**1 Juan 2:13** y **4:4**), no con nuestra fuerza propia, sino *con la Suya* (**Juan 16:33**; **Marcos 9:24**). Esto *exige un conocimiento* de la Palabra que solo Él puede proporcionar (**Juan 13:10**; **15:3**).

Una vez más, en **Juan 14:26**, Él nos explica claramente el **propósito** del Espíritu Santo que mora en nosotros:

> "Pero el Confortador (Consolador, Abogado, Intercesor, Consejero, Fortalecedor, Apoyo), el Espíritu Santo, a quien el Padre enviará en Mi nombre [en *Mi lugar*, para representarme y *actuar* en Mi Nombre], él les *enseñará todas* las cosas (no algunas, como en su iglesia, sino TODAS). Y les ayudará a recordar todo lo que les he dicho (en nuestro caso, lo que hemos leído y estudiado en su Palabra)".

TRES VERDADES

Por lo tanto, si uno considera atentamente toda esta colección de evidencia bíblica que han sido presentadas aquí, solo hay *tres conclusiones* obvias a las que uno puede llegar.

1). El Espíritu actúa lo mismo como si Jesús está *presente* conmigo, a la *misma manera* cuando Él estaba con sus discípulos (**Lucas 10:1**; **Juan 6:66**).

2). Si no *conoces* Su Palabra, entonces, *¿cómo* podrá el Espíritu a hacer que tú te acuerdes de Sus Palabras?

3). Si uno *elige* al hombre sobre Su Espíritu, como su instructor, entonces *¿cómo vas a cumplir*, **o experimentar**, los dos primeros puntos arriba?

Ahora, si las denominaciones y la religión *no tienen* el Poder del Espíritu, ¿cómo vamos a experimentar la experiencia de **Josué 1:8-9**, **Salmos 91**, ¿o la de **Juan 10:10**? Esto es muy obvio, ¿no?

VIVIR BAJO LA GRACIA NO NOS EXCUSA

Bien, si uno opta por creer que las promesas del V.T., no se aplica hoy por estar "bajo la gracia", como si esto es fuera un pase libre, tengo noticias para todos—Jesús nos ve a *todos* Sus hijos al *igual* que a Josué, David, Juan o Pablo. Etc. **Juan 17:6** dice:

> "Yo he manifestado Tu Nombre [y revelado a Tu mismo, Tu VERDADERA Persona (es decir, a través de Su Palabra mientras Él estaba aquí)] a las personas (los discípulos, tú y yo) que Me diste del mundo; eran Tuyos y Me los diste, y ellos han *guardado* y *obedecido* Tu Palabra".

NO HAY EXCEPCIONES

Si pasas por alto "guardado y obedecido Tu Palabra", ya que esto es el *prerrequisito* de *conocerlo* a Él, entonces, lo siento, tu no lo conoces a Él (vea **Mateo 25:12**; **Lucas 13:25**). También pensaba que yo estaba "bajo la gracia", pensando que el Dios del Antiguo Testamento era *distinto* a Jesús, hasta que vine a entender **Hebreos 13:8** a como también **Éxodo 23:20-22**:

> "Mira, Yo te voy a enviar (hoy, Su Espíritu en nosotros) un Ángel (Jesús reencarnado) delante de ti para que te proteja y te guarde en el camino y te guíe al lugar que Yo he preparado. Mantente alerta ante Él, *escucha* y *obedece* Su voz; no te **rebeles** contra Él ni lo provoques, porque Él no *perdonará* tu transgresión, ya que Mi Nombre [autoridad] está en Él. Pero si en verdad, *si* tu *escucha y obedeces* Su voz (Su *estipulación* a la promesa), y haces *todo* lo que Yo digo, *entonces* Yo seré enemigo de tus enemigos y adversario de tus adversarios."

JESÚS NO CAMBIA

Si crees que Jesús solo es benevolente y pasa por alto aquellos fallos *no lavados* por medio de aplicar **1 Juan 1:9**, piense otra vez, ya que **Hebreos 13:8** nos asegura que:

> "Jesús es *el mismo* ayer, hoy y siempre."

Si, Él nunca nos dejará ni abandonará, pero Él, *ciertamente* espera que tu hagas tu parte. Si no, **Lucas 9:23** y **Juan 15:2** son un chiste, ¿no?—con Él, *no hay ninguna forma* de pasar por alto la desobediencia.

LA CLAVE ESTÁ EN OBEDECER SU PALABRA

¿Cómo nosotros hoy—así como los discípulos lo hicieron—vamos a cumplir con el deber de "*guardar y obedecer*" Su Palabra? La respuesta es obvia—nosotros tenemos *la obligación de conocerla* y la comprensión, *vendrá* de Su Espíritu. Cuando Jesús dijo en **Juan 17:6** que Sus discípulos habían *obedecido* la Palabra que el Padre les había enviado, ¿cómo puede uno hoy, a guardar algo que es desconocido, ya sea por negligencia o por inadvertencia?

En Sus últimos tres años, Jesús les enseñó *todos* Sus discípulos Su Palabra, y luego encomendó esta obra a Su Espíritu para *cada uno* de nosotros. Ahora bien, si no permitimos que Su Suplente haga lo mismo, ¿cómo cumplirá la tarea que Él, le encomendó para tu vida personal?

Es fácil concluir entonces que, si cumplimos con todas Sus condiciones para llegar a conocer Su *verdadera* Palabra a través de Su Espíritu, entonces, no debería haber ninguna duda de que estamos:

> "Ustedes ya *están limpios* por la Palabra que Yo les he dado [las enseñanzas (de **Él**, no del hombre) que **Yo** (*ibid.*) he discutido con vosotros]" (**Juan 15:3**).

Es desconcertante entonces que, si el Espíritu Santo no nos enseña, ¿cómo podemos estar completamente seguros de que el versículo anterior se aplica a nosotros? Solo el lector puede saber acerca de esta pregunta, ya que es personal entre uno y el Señor.

SOLO UN MAESTRO

Dios designó solo UNA Persona—Su Espíritu—para enseñarnos TODA la verdad de su Palabra, para aconsejarnos, y guiarnos cada día, pero solo si nos *atrevemos a creer* en su Palabra que Él nos ha dado, y a *confiar en su fidelidad* para cumplirla. Las Escrituras me aseguran que no necesitamos *ninguna religión* para poder tener una relación filial con Él—la misma relación exacta que Él tuvo con sus discípulos cuando vino a este mundo. A como esos israelitas que eligieron a Jesús en lugar de los fariseos, nosotros también _debemos_ hacer lo mismo, _si queremos estar limpios_ (**Juan 15:3-7**; **1 Juan 1:9**) en todo momento, lo cual nos _asegura_, no solo la certeza de nuestra herencia, sino también estar listos cuando Él aparezca para llevarnos a casa (en el rapto). Las ovejas de hoy solo reciben la enseñanza del hombre formados en las aulas de la "sabiduría" humana en seminarios y monasterios—lo cual puede explicar este desvío y el fracaso de las iglesias por los últimos 1800 años.

TODOS SOMOS IGUALES

Otro gran fallo en el sistema cristiano roto de hoy es ver, según la percepción del clero acerca de las ovejas ordinarias—de ser como plebe—comparadas con los "santos" de los doce apóstoles, los cienes de hermanos y hermanas que murieron católicos, u otros personajes de la Biblia, como a ser superiores a nosotros. Entonces, con estos ojos ictéricos, ¿Cómo pueden ser estas ovejas ordinarias _edificadas_ (en acuerdo con **Efesios 4:11**)? Sin embargo, Jesús envió setenta discípulos, no solo doce, con los _mismos_ poderes y misión (**Lucas 10:1**).

La Iglesia Católica lo empeora, elevando a creyentes fieles de las antigüedades como "santos" sobre los de están sentados en las bancas—una farsa "válida" para la jerarquía, pero contra la Palabra de Él. Hay 15 pasajes para probar el error de esto, _elijo solo dos_, uno por cada Testamento:

> "El Señor ama la justicia y no abandona a _Sus_ _santos_;
> ellos son guardados para siempre" (**Salmo 37:28**).

Y en **Romanos 1:7**:

"A todos los amados de Dios en Roma, que son _llama-dos santos_, y _apartados_ para Él: Gracia y paz de Dios y Jesús."

Claro que sí, esos Doce discípulos tuvieron un honor increíble al estar con Él día y noche por tres años, pero no eran más grandiosos que los otros. Dios nos ve por _igual_, según **Romanos 2:11**:

"Porque Dios _no hace acepción_ de personas [_no hay favoritismo_ (vea **Santiago 2:1**) arbitrario; para Él _nadie_ es más importante que otro]."

Y en **Juan 17:20** nos aclara:

"No ruego _solo por estos_ [solo por ellos (los 12 discípulos) que hago esta petición], sino también por [TODOS] los que [algún día] _creerán_ y _confiarán_ en Mí por medio de su mensaje".

(No pierda a la vista que no es solo "_creer_," pero de _confiar_).

El Costo del Analfabetismo de Su Palabra

Desconocidos, No Amigos

¿El verdadero daño de este error de omisión? Las ovejas enseñadas por hombres, no por el Espíritu, permanecen ajenas a lo que, sucediendo, no solo en sus propias vidas, sino en todo su alrededor—permaneciendo distantes e indiferentes a conocer a su Señor personalmente, e íntimamente. Al descuidar la enseñanza de Su Palabra fuera de Su Maestro personal designado, se *pierde* un conocimiento intrínseco e inseparable con Él (**Juan 15:13-15**).

Imagínate, esto como una relación íntima desequilibrada donde una prometida, tras prometer un amor eterno, empieza a buscar y acercarse a otros pretendientes enamorados, *tal como lo hizo Israel* en el Antiguo Testamento con la religión de los paganos alrededor de ellos. Es como que si de repente, la mujer que amas hasta la muerte se convierte en una simple conocida, no en tu prometida. Esta situación se expresa conmovedoramente en **2 Corintios. 11:2-4**:

> "Los vigilo con un celo de Dios, porque yo los he prometido a *un solo* esposo, para presentarlos como una virgen pura a Cristo. Pero temo que, así como la serpiente engañó a Eva con su astucia, *sus mentes* (no el cuerpo) se han corrompido y se aparten *de la sencillez* de su [sincera y] pura devoción a Cristo (**Apoc. 2:4**). Porque [parecen dispuestos a permitirlo] si alguien viene y predica a *otro* Jesús que nosotros no hemos predicado (en nuestra Biblia hoy), o si reciben *un espíritu diferente* del que recibieron, o un evangelio diferente del que aceptaron. Toleran todo esto maravillosamente [*aceptando* el engaño]".

La realidad es que uno, *no puede amar* a alguien que es un desconocido (**Juan 10:27**; y en **14:15**). El sentido común nos dice que el verdadero amor *exige* vínculos profundos y personales. Las iglesias de hoy, si, *tienen un papel y rol*, pero *no en su forma corriente*; la reforma comienza con las ovejas en conociendo y obedeciendo Su Verdad contenida en Su Palabra.

El Espíritu es Nuestro Único Maestro

Dios nos dio Su Palabra como nuestro Libro de _Texto personal_, y al _Espíritu, como nuestro Maestro_. Si ignoramos esto, perdemos de vista Sus pensamientos, caminos, y la profundidad de Su Palabra (**Romanos 8:26-27; 1 Corintios 2:11**). Los Evangelios lo demuestran—los líderes judíos distorsionaron las Escrituras; Jesús, su Autor, las reveló a ellos y fue rechazado por quienes deberían haberlas reconocido por su verdadera comprensión. La lectura diaria guiada por el Espíritu refleja el matrimonio donde una _relación_, con el tiempo, la _intimidad crece gradualmente_, sin atajos, según **Efesios 5:31-32**:

> "Por esta razón, el hombre dejará a su padre y a su madre (igual que nosotros dejamos nuestra cómoda vida mundana) y se unirá [y será fielmente devoto] a su esposa, y los dos serán una sola carne. Este misterio [donde _dos se convierten en uno_] es grande; pero hablo en _referencia_ a [la **relación** de] Cristo y la iglesia".

Cualquiera persona puede obtener una historia, los hechos, y la información sobre Él de otras personas y escritos (**Juan 18:34**), pero eso _no es lo mismo_ que a **conocer** a Él, personalmente.

Datos vs. Una Relación

Es bastante obvio y evidente que, en toda Su Palabra, la salvación ciertamente tiene el objetivo de un destino final, a como lo describe **Efesios 3:17-18**:

> "para que Cristo _habite por la fe_ en sus corazones. Y que, habiendo sido [profundamente] arraigados y

[firmemente] cimentados en amor, sean plenamente *capaces* de comprender con todos los santos (el pueblo de Dios) la anchura, la longitud, la altura y la profundidad de su amor [experimentando plenamente ese amor asombroso e infinito]".

Comparen esto con el hecho de que yo sé mucho sobre el presidente Trump, pero yo *no lo conozco personalmente*, ni él a mí. Jesús advierte a las vírgenes insensatas y a los religiosos en **Mateo 25:12**:

"Les aseguro y de la manera más solemne les digo: *No los conozco* [no tenemos *ninguna relación*]".

Si no tú no puedes ver que conocer Su Palabra es conocerlo a Él, corres el riesgo de ser uno de los muchos "*llamados*" pero **no uno** de los "*escogidos*" (**Mateo 22:14**; **Romanos 11:7**).

CAPÍTULO CINCO

Estar en Su Presencia es Tu Opción

SOMOS ELEGIDOS

Analicemos ahora con atención **Mateo 24:22-23** y, en lugar de dejar que nos pase desapercibido sobre la cabeza, examinemos lo que nuestro Señor realmente nos dice aquí:

> "Porque habrá entonces una gran _tribulación_ (presión, angustia, opresión), cual no la ha habido _desde el principio del mundo_ hasta ahora, ni la habrá jamás. Y si esos días [de tribulación] no se hubieran acortado, nadie se salvaría; pero _por causa de los elegidos_ (los escogidos de Dios), esos días serán acortados".

No es necesario en insistir que nuestro Señor, aquí, no se refiere, ni se dirige, a _toda_ la multitud entera de cristianos de hoy, sino _solo_ para _aquellos que han sido elegidos_, y que han sido hallados dignos (leer de nuevo **Lucas 21:36**) de _escapar_ la experiencia de los siete años de la Tribulación. Esta definición usada por Él se aclara mejor al examinar la palabra griega usada (***koloboō***), y es traducida como "*acortado*". Esta palabra realmente significa *desmembrar* (cortar a pedazos); la otra palabra griega (***eklektos***), traducida como "*elegido*", significa "*designado, escogido*" (por Dios), *aleccionado, selectivo,* es decir, lo *mejor de su clase* (cristiana), *excelencia, preeminente.* Cualquier estudiante serio de Su Palabra, sabe que Dios a menudo, habla de un "*remanente*", siempre en el *contexto* de unos pocos, en lugar de *todos*, en el pueblo de Dios.

Por lo tanto, las palabras de Jesús sobre el hecho de que "muchos son *llamados*, pero *pocos escogidos*", dejan claro en qué **contexto**, Él nos está contradiciendo creencias religiosas antiguas y falsas, sobre lo que significan estos dos términos.

En **Oseas 4:6**, Él *identifica quiénes* son "*los muchos*", y les advierte:

> "Mi pueblo perece por *falta de conocimiento*. Has
> **rechazado** Mi Palabra, [y] por eso Yo te **rechazaré**
> como **Mi sacerdote**".

En palabras sencillas y claras en español, Él les dice a los *cristianos de hoy* que, los "*llamados*" **no tendrán** una herencia con Él, *solo los escogidos*. ¿Cuál es la conclusión? Que para aquellos que no se procuren a conocer su Palabra, Él **NO** *será tu **herencia**.* ¿Te sientes confundido? Quizás esto te ayude a darte cuenta de lo que estás perdiendo por esta omisión:

> "Ellos (los *levitas escogidos*) **no tendrán herencia** [de
> tierra] entre sus compatriotas; el Señor *es su **herencia**,*
> como Él les prometió" (**Deuteronomio 18:2**).

SALVADO PRIMERO, ESCOGIDO DESPUÉS

Esta declaración *no se trata* acerca de perder la salvación—simplemente se trata acerca de la autoexclusión del cristiano a *no ser incluido* entre los *elegidos*—una preferencia puramente *personal* con consecuencias eternas, porque, repito, entrar en Su Reino es un *privilegio, no un derecho*. Esta prerrogativa *debe de ganarse*, a como lo demuestran el pasaje de **Apocalipsis 22:12-15** y otros. Una vez que uno percibe esto, uno entonces puede comprender fácilmente también, Sus Palabras en **Lucas 21:36**:

> "Velad en todo tiempo [estén *atentos y preparados*], orando para que tengáis la fuerza y la capacidad [para ser *hallados dignos* y] de **escapar** de todas estas cosas que van a suceder (en la tierra), y estar en pie ante el Hijo del Hombre [en su venida (el rapto)]".

De igual manera, aquí no tenemos que insistir en que nuestro Señor describe un tiempo y evento específico—la Tribulación—ni en que, en este pasaje, Él está advirtiendo a los cristianos que van a experimentar ese mal tiempo, donde **no todos** ellos serán arrebatados—algo que *contradice* la falsa filosofía religiosa de que "*todos*" tienen un asiento y una reserva garantizada, en el casamiento de la Oveja, o, en ese tren del Rapto. La salvación nos da únicamente *la oportunidad de ser elegidos* según nuestras acciones obedientes a Su Palabra.

SER LAVADOS PARA SER ELEGIDOS

En Mateo capítulos 22, Él nos habla en el contexto de la Boda del Cordero acerca de que *muchos son **llamados***, pero *poco los **escogidos***. Lo siento, pero nadie que no esté atento y listo—(y **purificado** por

Su Palabra [**Juan 15:3**; **1 Juan 1:9**; **Apocalipsis 7:13-14**])—ponen en *riesgo* la oportunidad de encontrarse con Él en las nubes, ni serán digno de escapar (en griego, "*huir de, correr de*") la tribulación. En **Lucas 21:36**, Jesús nos advierte sobre la importancia de estar *preparados* para **escapar** de la tribulación. ¿Y cómo escaparemos de ella, acaso no será mediante el rapto antes de que ella ocurra? Escuchemos lo que Él nos dice en este versículo:

> "Manténganse alerto en *todo momento*, orando para que tengan la fuerza y la capacidad de *escapar* de todas estas cosas que van a suceder, y de presentarse, ante el Hijo del Hombre [en su venida]".

Él afirma esta advertencia en el **Apocalipsis 3:10**. Si alguien puede encontrar algún margen de maniobra para interpretar Sus Palabras de otra manera diferente, me gustaría oírlo.

Cualquier persona es libre de discrepar totalmente esta descripción en Su Palabra y arriesgar esta pérdida de ser rescatados de la tribulación con su propio razonamiento. ¿Yo? ¡Ni voy a hablar o de entretener tal riesgo con consecuencias perdurables! A como se mencionó antes, en Éxodo, once tribus, bajo pena de muerte, debían de acampar *fuera* del perímetro del Tabernáculo—solo los levitas habitaban en la presencia de Dios, lo que presagiaba el círculo íntimo sacerdotal de **Apocalipsis 22:12-15**, con *acceso* al Árbol de la Vida y a *entrar* Jerusalén celestial por sus Portones.

La Maravilla y El Milagro de 1 Juan 1:9

Ahora bien, aquí está la pregunta clave—Dado que nadie en la iglesia gentil es levita, ¿cómo podemos entonces de pertenecer a este exclusivo grupo sacerdotal, que morará en la presencia de Dios por la eternidad? El lavado de pies de **Juan 13:8** revela y responde a esta pregunta:

> "Pedro le dijo: '¡Jamás me lavarás los pies!'. Jesús le respondió: 'Si no te los lavo, _no tienes_ parte [_una comunión_] Conmigo [no podemos tener **nada** que ver el uno con el otro]".

La Necesidad de Una Purificación Diaria

Nosotros somos purificados por Su Palabra (**Juan 15:3**) pero, en orden de _mantener nuestra pureza_ es importante de _obedecer_ sus instrucciones. En el Edén, Dios satisfizo todas las necesidades de Adán y Eva, pidiendo de ellos solo su confianza—cual es manifestada por la _obediencia_—y una sola regla sobre el árbol en medio del Jardín. Pero la desobediencia de Sus instrucciones, ellos rompieron no solamente la confianza, pero también la comunión y el compañerismo entre Él y ellos, trayendo la muerte; _no por_ la idea religiosa de medio pelo de que "si haces esto, entonces Dios hará aquello", o por cumplir alguna ordenanza, o regla religiosa, para "_ganar_" Su aprobación y bendiciones. Cualquier estudio superficial de nuestra Biblia le mostrará al estudiante menos informado que _TODAS_ las promesas de Dios se basan en la _OBEDIENCIA_ a Su Palabra. Esto es una pura fantasía religiosa.

La obediencia se trata nada mas de tener el _privilegio_ de disfrutar _una comunión_ con Él donde Él tendrá una mano libre de manifestar en nuestras vidas, cada y todas las promesas contenidas en Su Palabra. Uno tiene que _ser purificado_ (hecho santo) por la Sangre de Jesús, no por "lo que nosotros hacemos", ni por nuestra propia justicia, porque Él es el _máximo estándar_ y la _esencia_ de la _Santidad_. Y la única manera de consagrarnos a Él, **requiere** que seamos santos, a como Él es Santo (**Mat. 5:48**; **1 Ef. 1:4**; **1 Pedro 1:16**; **Col. 3:12**), *junto* con nuestra *confianza* y nuestra *total adhesión* a Jesús.

Jesús le dijo a Pedro (y a nosotros hoy) que Él es el *único que restaura esa comunión con el Padre* cuando obedecemos y *cumplimos* con **todas** sus *condiciones*, ya que se requiere la perfección para tener *comunión con Él*, debido a su absoluta santidad (**Mateo 5:48**; **Deuteronomio 18:13**; **Juan 17:23**). El pecado amputa nuestra comunión con Él, pero *no la filiación*, a como es ilustrada en la historia del hijo pródigo (**Isaías 59:2**; **Levítico 10:10**; **Efesios 2:5**).

EL ESTÁNDAR DE PERFECCIÓN

Jesús, en lavando nuestros pies (nuestros *pecados diarios*) nos restaura a la perfección requerida *para estar en Su Presencia* (en **comunión** con Él) en cada **momento** debido a Su Santidad. **Mateo 5:48** exige:

> "Sed, pues, vosotros ***perfectos***, *como* vuestro Padre celestial ***es perfecto***".

Verán, el cristiano promedio no comprende la naturaleza fundamental de la Santidad absoluta y total de Dios, donde esta comunión con Él *requiere y exige* que nosotros seamos perfectos también (su estándar para tener Su comunión con nosotros); esta comunión depende en la obediencia en **1 Juan 1:9** (vea **Deuteronomio 18:13**; **Juan 17:23**). Y aunque hemos sido limpiados de *todos* nuestros pecados pasados cundo creímos el Evangelio, y según **Juan 15:3**, "el Padre es el labrador donde todo pámpano que en Mí *no da fruto*, lo quitará". Si uno no desea de ser quitados de las ramas de Su Huerto, nuestro fruto <u>DEBE</u> *de provenir de Él* (vea **Juan 15:5**) no de nosotros. Esto es imposible de hacer sin tener un compañerismo con Él. Así que, si nosotros no nos limpiamos diariamente con la Sangre de Él de acuerdo con su instrucción en **1 Juan:1:9**, entonces nosotros podemos perder ese estándar de perfección por las *ofensas diarias* contra Él, pero **no** nuestra relación con Su familia.

CONOCER SU LIBRO ES CONOCER SUS VOLUNTAD

Dios tiene una razón obvia para darnos su Palabra (el libro de texto) y a su Espíritu como nuestro Maestro personal, para enseñarnos a reconocer nuestras ofensas cuando las hacemos, y cuando quebramos sus mandamientos enumerados en ella. La *ignorancia* de Su Palabra resulta en distanciarse de sus pensamientos, consejos y sistema de valores, y del *significado completo* de su Palabra (**Romanos 8:26-27; 1 Corintios 2:11**).

El diablo es como un agente de la policía de carreteras—una vez que te detiene por exceso de velocidad, no puedes alegar una *ignorancia* de las leyes de tránsito, para evitar de recibir su multa (en nuestras vidas esto se manifiesta como sea un castigo en tus finanzas, salud, relaciones, etc.). El diablo se desquitará contigo, y por su odio hacia Dios, porque tus acciones te ponen *bajo su autoridad* que él recibió de nuestro padre Adán en acuerdo con Su Palabra en **Genesis 1:28**, aunque no lo creas, te guste o no.

Sin embargo, si usted tiene a su abogado viajando siempre con usted todo el tiempo (caminando con el Espíritu Santo), Él le puede mostrar una fianza por el pago total de la multa (la cruz de nuestro Salvador)—solo entonces, usted es libre de irse, sin multa—esto siendo uno de los muchos privilegios de una vida de **Juan 10:10**.

Nosotros encontramos nuestra fianza en **Colosenses 2:14**:

> "Habiendo *cancelado* el acta de *deuda* que consistía en demandas legales [que estaban vigentes] contra nosotros y que nos eran hostiles. Y esta acta la anuló **por completo *clavándola en la cruz*".**

Los evangelios lo muestran—líderes judíos torcían la Escritura—
Jesús, su Autor, se las aclaró. Al leer Su Palabra diario con el Espíritu
es como un matrimonio—la intimidad crece con tiempo, sin atajos,
como dice **Efesios 5:31-32:**

> "Por esto dejará el hombre a su padre y a su madre
> (para el cristiano, la vida mundana), y se unirá [y sean
> *fielmente devoto*] a su mujer, y los dos serán una sola
> carne. Grande es este misterio [de dos llegando a ser
> uno] es grandioso; pero estoy hablando con referencia
> a [la **relación** de] Cristo y la iglesia".

UNA EXPLICACIÓN CULTURAL

Cuando Jesús intentó lavarle los pies a Pedro, su instinto, debido a
sus fuertes raíces judías (ver **Hechos 10:14** y sus palabras posteri-
ores a Cornelio), lo estremeció, al ver a Jesús, su Señor, ocupando el
puesto más bajo, como esclavo, en una casa, lavando los pies de sus
visitantes. Esta tarea de lavar los pies se le encomendaba al esclavo
menos cualificado de una casa adinerada, y Pedro comprendió esta
implicación.

Entonces, ¿por qué era necesaria esta tarea? Bueno, en aquellos
días las casas no tenían plomería interior, ni duchas, por razones
obvias; por lo tanto, todos debían bañarse en un lugar público. Sin
embargo, debían caminar de regreso a su casa y, al llegar a ella, sus
pies estaban sucios por el polvoriento camino, y los esclavos se los
lavaban (ver **Lucas 7:44**); por los tanto, cualquier persona con pies
sucios no eran consentidos, o tolerados, para entrar en un hogar
limpio (a como un ser humano imperfecto, tal ser, *no puede **entrar***
a Su Trono y tener **una comunión** con Él). Es por esto por lo que
Jesús dijo a Pedro en **Juan 13:7-8:**

"Jesús le respondió: 'Ahora no te das cuenta de lo que hago, pero lo **_entenderás_** [plenamente] *más tarde'*. Pedro le dijo: '¡Jamás me lavarás los pies!'. Jesús le respondió: 'Si no te lavo, no tienes parte conmigo' nada que ver el uno con el otro' [no podemos tener **_compañerismo_** una comunión]".

Pedro no podía ver el simbolismo en el humilde acto de nuestro Señor. Sin embargo, esto se entiende y explica **Juan 13:10**, ya que nuestro Señor se refería a Judas, a **_no estar limpio_**, en el contexto de **Juan 15:3**. Ni siquiera me molestaré en comentar sobre la manera que los religiosos han interpretado de este humilde acto de lavamiento de pies de nuestro Señor, porque lo han usado para promover una *falsa "humildad"* pomposa, quimérica y fingida entre el clero y las ovejas crédulas, sobre algo cuyo significado lo desconocen.

El acto de Jesús simbolizaba el único, y cuál es el acto que *asegura nuestra* **_purificación diaria_** para mantener nuestra **comunión** (a como se lo advirtió a Pedro) **_con Él_**, y nos dio la clave para estar listos, y calificar para *nuestra herencia* cuando practicamos **1 Juan 1:9** en cada momento de nuestra vida. Si nos negamos a aplicar este verso, *esta comunión* con Él *no es posible*, y se desvanece en nuestra vida, *pero no sus lazos familiares* con nosotros (como en la historia del hijo pródigo) no se termina. Él explica esto en varios versos como en **Mateo 25:11-12**:

"Después vinieron también los otros y dijeron: 'Señor, Señor, ábrenos [la puerta] para nosotros'. Pero él respondió: 'De cierto, y muy solemnemente les digo, *Yo no los conozco*' [*no tenemos* **_ninguna relación_**]».

Y en **Lucas 13:25**, aún más claro:

"Ustedes se ponen _afuera_ y golpean a la puerta, una y otra vez, diciendo: '¡Señor, ábrenos!', Él les responderá: 'Yo _no sé de dónde son ustedes_ [porque ustedes __no son parte__ de mi familia casera']".

El Valor de la Confesión

El humilde enjuague, y lavado de pies de Jesús a sus discípulos, muestra cómo nosotros _nos mantenemos limpios diario_, de momento a momento. Así que, desmitifiquemos esto, ignorando los mitos religiosos sobre de "cómo andar en el Espíritu", por las sencillas instrucciones del mandato de Dios en **1 Juan 1:9**:

> "Si nosotros [libremente] **admitimos** que hemos pecado y **confesamos** nuestros pecados, Él es fiel y justo [fiel a su propia naturaleza y promesas] y perdonará **todos** nuestros pecados y nos _limpiará_ **continuamente** de toda maldad [nuestras malas acciones, todo lo que no esté en conformidad con su voluntad y propósito para nosotros]".

No lo pase por alto, ni tome a la ligera, la palabra "_confesar_" que se usa aquí. La palabra griega (**_homologeō_**) significa "_no negar, confesar, es decir, admitir o declararse culpable_". Esto es igual y grave como en declararse culpable ante un tribunal, donde un juez, o la víctima de tu delito, no aceptará tu remordimiento a _cambio de leer tu mente_, sino que salga de tu propia boca. Hay que seguir el ejemplo de **Mateo 5:24**:

> "Deja tu ofrenda allí en el altar y ve (a la _persona que ofendisteis_). _Primero_ haz las paces con tu hermano, y luego ven y _preséntale_ [a Él] tu ofrenda (oraciones y súplicas)".

¿Alguna vez te has preguntado por qué tus peticiones y ruegos a Dios siguen sin respuesta? Ahí tienes la respuesta. Él te *perdonará tu desobediencia y tus acciones* contrario de su voluntad, pero Él, **no tomará** el *lugar* de la persona que tu ofendiste.

Ni siquiera me molestaré en comentar sobre la absoluta locura del confesionario católico.

LA DERROTA DEL PECADO

¿Dudas de este modelo de purificación? **Romanos 6:1-2** lo prueba:

> "¿Qué diremos [a todo esto]? ¿Debemos **continuar en pecado** (*ignorando* este necesario requisito para permanecer limpio de **1 Juan 1:9**) y practicar el pecado como hábito para que [el don de Dios] la gracia crezca y sobreabunde? ¡Claro que **no**! ¿Cómo podemos nosotros, los que morimos al pecado, *seguir viviendo* en él?"

> (considerando que Él ya nos dio *la solución* de este problema en el versículo de **1 Juan 1:9**).

Y **Romanos 8:9-14** añade:

> "Sin embargo, ustedes no viven según la carne, sino según el Espíritu, **SI** *en verdad* es que el Espíritu de Dios vive [**de verdad**] *dentro* de ustedes. Pero si alguno *no tiene* el Espíritu de Cristo, no es de Él. Si Cristo vive en ustedes, aunque su cuerpo esté muerto a causa del pecado, su espíritu vive a causa de la justicia que Él provee. Y si el Espíritu de aquel que resucitó a Jesús de entre los muertos vive en ustedes, el que resucitó

a Cristo Jesús de entre los muertos también vivificará sus cuerpos mortales por medio de su Espíritu que **vive en ustedes**. Así pues, hermanos, tenemos una _obligación_, pero no con nuestra carne [nuestra naturaleza humana, nuestra mundanalidad, nuestra capacidad pecaminosa], de vivir según los impulsos de la carne [nuestra naturaleza _sin_ el Espíritu Santo]; porque si viven según los impulsos de la carne, morirán. Pero si _viven por el poder_ del Espíritu Santo, habitualmente les dan muerte a las obras pecaminosas de la carne, y vivirán por siempre".

Por favor, lee este pasaje lento y metódicamente, y si no logras _entender exactamente_ lo que Él te dice aquí, entonces necesitas examinarte a ti mismo de la misma manera, lento y metódicamente.

Podemos resumir el pasaje anterior en una _diferente manera_—"¿Debemos seguir pecando para aumentar la gracia? ¡No! ¿Cómo podemos, muertos al pecado, vivir en pecado, cuando (_por medio_ de **1 Juan 1:9**) Él nos libera nos limpia del pecado?"

¿Soy ahora libre del pecado según **Romanos 6:1-2**? ¡Claro que no! Soy tan pecador como cualquiera. ¿Debo vivir con el pecado? ¡No! Si, lo puedo ya sea por la ignorancia, o el rebelo, no importa, cuando, después de **saber esta verdad**, ignoro a limpiarme diario con esta divina herramienta de **1 Juan 1:9**. Es como la basura doméstica: lo hago a diario, pero si no la dejo ir, vivo con ella; no es culpa de la basura, **es toda mi culpa**.

LA BARRERA DEL PECADO

Su Palabra se explica por si sola, ¿no es así? El pecado—cualquier cosa que **no está** alineada con Su voluntad—sin confesarla, según **1 Juan 1:9**, _bloquea nuestra comunión_ con Él, pero _no nuestra sal-_

vación. Somos salvos, como los esclavos liberados de Egipto, pero no caminamos como Josué, o Caleb. En el **Apocalipsis 7:14**, Él nos revela **por qué** los santos podían estar ante el Trono de Dios:

> "Estos son los que han *salido de la gran tribulación* (persecución), y se han **lavado** sus vestiduras y las han emblanquecido **en la sangre del Cordero**" (aplicando **1 Juan 1:9**).

Ofensas Invisibles

Al principio, yo pasé por alto el uso y el papel de **1 Juan 1:9** en la eliminación de mis ofensas contra Él—actos cotidianos como en **preocuparme** por las finanzas, **dudar** de mis circunstancias (familia, trabajo, etc.), **ofendiendo** a otros o **deshonrar** la dignidad humana, que *yo no consideraba* como "pecados", pero si son—esto es una afrenta contra Dios. Estos actos **reflejan** una desconfianza en Su *fidelidad*, y la *integridad* de Su Palabra y Sus promesas, lo cual es ofensivo para Él. **Yo** fui quien construyó ese muro entre nosotros dos, no Él.

No Usando la Herramienta más Vital

La mayoría de los cristianos fallan en esto, ciegos a estos pecados y sin aplicar **1 Juan 1:9** para mantenerse perfectos ante Él. Sin darse cuenta, ellos se están desviando de una comunión con Él (**Isaías 59:2**; **Efesios 2:1**).

En **Números 8:14**, los levitas fueron apartados por su **conocimiento de la Palabra**, reflejando a los cristianos de hoy, guiados por el Espíritu a través de **Juan 14:26**; y en **16:13**, morando cerca de Dios como ellos (**Deuteronomio 18:2**; **Josué 13:14**). Al aplicar **1 Juan 1:9**, es lo que restaura nuestro gozo en nuestra salvación (la mayor parte de los **Salmos**; **Gálatas 4:15**, y **5:22**; **2 Corintios 1:24**; **Filipenses 1:25**)—y pone nuestra visión y encauce a nuestro premio (**1 Corintios 9:24**; **Colosenses 2:18**; **Filipenses 3:14**), nuestra comunión con Él (vea **Apocalipsis 21:3**).

Nuestra Herencia en Juego

Siguiendo el guion del Éxodo, los levitas, enseñados por Moisés (un prototipo de Jesús), simbolizan nuestra herencia espiritual mediante el **conocimiento de la Palabra (Colosenses 1:9-10; 2 Pedro 1:2)**. ¿Ves ahora lo que está en juego en esta corta vida? Dios quiere darnos esta herencia si estamos **dispuestos** a seguir sus instrucciones en la Biblia: ¡actúe conforme a ellas!

Es muy lamentable también que los cristianos, sin siquiera saberlo, que están arriesgando su *herencia de **entrar** en el Reino*, al no andar en el Espíritu y, por lo tanto, al no usar nunca esta herramienta de **1 Juan 1:9** para mantenerse perfectos ante Él. Entonces, sin siquiera saberlo, ni quererlo, terminan separados de Él (como el hijo prodigo) en un mundo muy hostil, sin su protección total de vivir bajo de sus alas (**Salmo 36:7** y **91:4**; **Mateo 23:37**). Él es muy claro en **Isaías 59:2** y **Efesios 4:11** y en **2:1**, la razón por la cual Él no puede tener comunión con nosotros y en **Oseas 4:6** por qué somos destruidos en nuestras relaciones familiares, situaciones financieras, y problemas de salud entre muchos otros.

La Salvación Definida

Una Perspectiva Más Amplia

Si nos alejamos y observamos la situación desde una perspectiva más amplia, podemos comprender por qué la mayoría de los cristianos viven a menudo en una situación desesperada, pues no caminan (ver **Deuteronomio 5:33**; **Miqueas 6:8**) en comunión con Él, al recibir solo las enseñanzas de sus maestros religiosos, en lugar de la de Su Espíritu, cuyos instructores, como ellos, no comprende esta asombrosa herramienta para mantenerse perfectos ante Él. Hay mucho más que decir, pero lo dejaremos ahí para que usted y el Espíritu lo resuelvan.

La Distinción de los Levitas

¿Por qué Dios eligió a los Levitas por encima de las otras once tribus? Solo podemos suponer, pero no saber en absoluto, pero Moisés y Aarón, los instrumentos de la hazaña y el logro del Éxodo, siendo de la tribu de los levitas, pudieron haber influido en Su elección— tampoco podemos pasar por alto que solo ellos **conocían la Palabra de Dios** a través de la enseñanza de Moisés—el prototipo de Jesús, y más tarde el Espíritu Santo para los santos. Este llamado, antes abierto solo a una tribu, ahora está abierto para **todos los santos (2 Pedro 1:10; 2 Tesalonicenses 1:11**). ¿Por qué? Creo que **Juan 8:35-36** puede respondernos:

> "Ahora bien, **el esclavo** no permanece en una casa para siempre; el Hijo [del amo] sí *permanece por siempre.* Así que, si el Hijo os hace libres, seréis incuestionable-mente libres".

Los que conocen la Palabra de Dios, *trascienden* de la **esclavitud** a la **filiación** con Su Familia.

La Ceguera de la Religión

Estos citados arriba solo son un pequeño ejemplo del alcance del daño infligido a las ovejas por el sistema religioso, volviéndolas tan ciegas como ellos mismos (**Mateo 15:14**, y en **23:16**, y **23:24**). Este tipo de enseñanza que carece de conocimiento bíblico ha dado al diablo vía libre para arrebatarnos de este medio espiritual para acercarnos a Jesús como discípulos suyos, donde:

> "No nos desanimamos [desalentados, decepcionados o temerosos]. Aunque nuestro hombre exterior se va desgastando [progresivamente], nuestro *hombre interior se renueva* [progresivamente] de día en día" (**2 Corintios 4:16**).

La religión ha impedido a las ovejas (**Mateo 15:14**, y en **23:16**, y **23:24**), robándoles de una intimidad con Jesús como **discípulos**, no como simples **creyentes**. Éxodo fue escrito para nosotros (**Romanos 15:4**; **1 Corintios 10:6**), para reflejar una pregunta de Dios a nosotros—¿queremos ser sus sacerdotes, o simplemente súbditos del Reino? **Mateo 22:13-14** nos advierte sobre nuestra decisión:

> "Entonces el Rey dijo a los sirvientes: 'Atadle (al siervo perezoso) de pies y manos, y échenlo a las tinieblas de afuera (en *comparación* con la Luz de Su Presencia); allí habrá llanto [de tristeza y dolor] y crujir de dientes [de angustia e ira]'. Porque muchos son llamados (**invitados**, convocados), pero *pocos son escogidos*".

La palabra griega traducida como *"llamados"* que se usa aquí, significa *"invitados"* a (como en un banquete), no en el contexto de la salvación.

SACERDOCIO PARA TODOS

En **Números 8:14**, los levitas (una de las doce tribus) simbolizan a los santos del Nuevo Testamento que van a elegir, por sí mismos,

Su sacerdocio. Todos los levitas fueron llamados a ser sacerdotes (**Romanos 15:16**; **1 Pedro 2:9**; **Apocalipsis 5:10**), pero ahora, gracias a la imparcialidad de Dios hacia su Iglesia (**Deuteronomio 10:17**; **Romanos 2:11**), Él nos lo ofrece, a **todos nosotros** como nuestra opción personal, a diferencia de los levitas. ¿Lo aprovecharemos y seremos uno de los elegidos entre los muchos llamados? Solo **tú** puedes hacer esta decisión.

El Beneficio de Obedecer

Ahora que hemos identificado la razón del problema y el fracaso total del sistema religioso actual para las ovejas, ¿entonces, ¿cuál es el beneficio de nuestra obediencia a estas revelaciones de la Palabra de Dios? Bueno, en mi caso, ahora yo ya estoy experimentando la promesa segura del **Salmo 127:1** en mi caminar espiritual con Él, a como estoy disfrutando, a diferencia de mi experiencia en mis iglesias en el pasado, una *relación sin estrés* con Él. También tengo pleno acceso a **todos** sus recursos disponibles revelados en su Palabra. La más importante de ellas, sobre cómo Él va a lograr esto en nuestra vida diaria, se encuentra en **Zacarías 4:6**, que nos dice:

> "Entonces Él me dijo: 'Esto [el suministro continuo de aceite (su Espíritu)] es la Palabra del Señor a Zorobabel [príncipe de Judá], que dice: No con ejército, ni con fuerza, **sino por mi Espíritu** [de quien el aceite es un símbolo],' dice el Señor de los ejércitos."

Iglesia Re-Imaginada

Ahora, en cuanto al rol de una iglesia local, los pastores deben someterse al diseño y orden de Dios, humillándose ante su Espíritu y ayudando individualmente a las ovejas a *crecer y mul-*

tiplicarse. Esto requiere tiempo y paciencia, y depende de que tanto el pastor, a como las ovejas, de _obedecer_ la voz del Espíritu. Cada oveja necesita guía personal en su estudio de la Palabra, no como en el rol de "maestro o profesor", sino como un consejero auxiliar del Espíritu de Dios.

Los pastores deben enfocarse en esas ovejas que buscan diligentemente el Espíritu de Dios y su voluntad. No será difícil reconocerlos, y de ayudar a estas ovejas sobresalientes en desarrollarse en a su debido tiempo, gracias a la amplia y extensa experiencia del pastor guiado por el Espíritu y su Palabra y no por su intelecto y su opinión. Sin embargo, si el pastor no anda en el Espíritu, todo lo que el podrá lograr será simplemente otro programa religioso humano _condenado al fracaso_.

El Rol de los Pastores Reexaminado

Si alguien aún duda de que los pastores deban ser maestros, refute esto: si **Efesios 4:11** los designa como maestros de Dios, entonces **1 Corintios 12:5-11** confirmaría dicho verso, e incluir a ellos entre los ministerios otorgados por el Espíritu Santo. Compruébelo: *sabiduría, conocimiento, fe, sanidad, milagros, profecía, discernimiento, lenguas, interpretación*; todos _impulsados_ por El Espíritu; pero este ministerio no se mira ahí, ni tampoco incluye la oficina de "pastores" aquí, ¿No?

La _enseñanza_ de la Palabra de Dios es una _tarea espiritual_, según **1 Corintios 2:11**:

> "Así que, _NADIE_ conoce las cosas de Dios, sino que [excepto] _El Espíritu de Dios_".

EQUIPAR, NO ENSEÑAR

Es fácil, entonces, concluir _lógicamente_ que _ninguna persona_—ya seas tú, yo o la persona de la religión que uno sigue—_es capaz de operar a este nivel espiritual._ Por lo tanto, sin importar cuán sincero sean, todo esfuerzo humano por hacerlo a su manera no alcanzará los resultados que Dios busca.

Ahora veamos **Efesios 4:11-14** en su contexto completo:

> "Y [Sus _dones_ (no ministerio) para la iglesia eran variados y] Él mismo designó a unos como apóstoles [mensajeros especiales, representantes], a otros como profetas [que anuncian un nuevo mensaje de Dios al pueblo], a otros como **evangelistas** [que difunden la buena nueva de salvación], y a otros como **pastores e instructores** (a como está definido en el idioma griego original) [para _pastorear, guiar e instruir_], [y lo hizo] para equipar y perfeccionar completamente a los santos (el pueblo de Dios) para las obras de servicio, para _edificar_ el cuerpo de Cristo [la Iglesia]; hasta que todos alcancemos la unidad en la fe (nunca vista desde el siglo III) y en el _conocimiento del Hijo de Dios_, [creciendo espiritualmente] para llegar a ser un **hombre perfecto** (erróneamente traducido como "creyentes" en algunas traducciones), llegando a la [más alta] medida de la plenitud de Cristo [manifestando Su plenitud espiritual y ejerciendo nuestros dones espirituales (no las de su pastor, ni ninguna otra figura religiosa) en unidad]. De modo que ya _no somos niños_ [espiritualmente] [Inmaduros], zarandeados [como barcos en un mar tempestuoso] y llevados por doquiera de todo viento de doctrina [religiosa cambiante], por la

astucia y el engaño de hombres [sin escrúpulos], por las maquinaciones engañosas de quienes están dispuestos a todo [para obtener *ganancias personales*].”

Si este pasaje no describe el sistema religioso actual de este mundo, no sé qué otra descripción lo podría dar. Obviamente, Dios deja en nuestras manos la decisión del lector de hacer cualquier cosa con toda esta información, porque siempre respeta nuestro libre albedrío y nuestra última palabra (sin doble sentido). Este pasaje anterior denuncia el caos religioso actual—donde los pastores *deben guiar, no a enseñar*, ya que eso es una competencia con Su Espíritu.

La Función del Pastor

¿Hay algún *otro verso* que muestra que este *don* de pastorear *no incluye* a educar a como el Espíritu de Dios lo hace? Sí lo hay.

Si se supusiera que un pastor, o sacerdote, este encargado de enseñar a una congregación, entonces **1 Pedro 5:1-2** sería el pasaje perfecto e ideal para *confirmar y estipular*, que los pastores *tienen ese ministerio de enseñanza*, pero ¿lo tienen? ¡No! Confirma exactamente lo que dice **Efesios 4:11-2**. Leámoslo:

> “Ruego encarecidamente a los ancianos entre ustedes [*pastores*, líderes espirituales de la iglesia], como anciano también yo, y como testigo ocular [llamado a dar testimonio] de los sufrimientos de Cristo, así como participante de la gloria que ha de ser revelada— *apacienten, guíen, y protejan* el rebaño de Dios entre vosotros, velando no por obligación, sino voluntariamente, *conforme a la voluntad* de Dios; no por *ganancia* deshonesta, sino con sincero entusiasmo”.

¿Alguien ve aquí algo que diga que ellos deben ser los "teólogos" encargados de exponer la Palabra de Dios al rebaño de Dios ? ¡Ciertamente no! No hay _ningún mandato_ "teológico" aquí—solo uno de *apacentar, guiar,* y *proteger,* nada de ser un expositor de la Palabra. Es _exactamente_ la descripción del trabajo de cualquier *pastor que cuidaban ovejas* en aquellos días.

Palabras Redefinidas por sus Raíces Griegas

La palabra "Maestro" (**Efesios 4:11**) no se trata de ser un "teólogo"; donde en el griego o hebreo, significa "_guiar, dirigir, instruir_ a los ignorantes". "*Pastor*" significa *entrenar, "disciplinar, unir"*, y no de <u>usurpar</u> la *posición y la enseñanza del Espíritu* (**1 Corintios 12:4-11** omite el pastoreo como un *ministerio designado* por el Espíritu). Ellos deben proteger la verdad de Su Palabra, orientar a los nuevos conversos y animarlos, complementando estudio guiados por el Espíritu por las ovejas.

Un Llamado Santo

A como también, los pastores están llamados a complementar al rebaño con sus propios estudios dirigidos por Su Espíritu, y caminando con nuestro Señor, iluminando su camino hacia la comprensión de Aquel que los llamó, para que todos podamos comprender y saber la razón por qué:

> "Él nos libró, nos salvó y nos llamó con un llamamiento
> santo [una invocación que conduce a una vida con-
> sagrada, una vida apartada, una vida con propósito],
> no por nuestras obras [ni por ningún mérito personal;
> no podríamos hacer nada para ganarlo], sino según su
> propio propósito y gracia [su asombroso e inmerecido

favor] que nos fue concedida en Cristo Jesús antes de los tiempos de los siglos [hace siglos eternos]" (**2 Timoteo 1:9**).

Jesús es la Única Veracidad

Hay que dejar las versiones falsas del Jesús de los católicos, mormones, protestantes, bautistas, etc.—creadas por creencias y tradiciones humanas. Cada grupo religioso o denominación vendiendo *su propia versión* de Jesús, como mercaderes mostrando su producto para su logro. *Ningún* pastor puede hacer lo que *solo el Espíritu puede hacer* por las ovejas, a como Dios lo diseñó. Ser un discípulo es un *llamado personal*, como con los primeros apóstoles, es una elección propia, no una orden de un Padre amoroso que nos deja a elegir su llamada. Esto se vio desde el principio, con los doce apóstoles donde ellos podrían haberse negado a dejar sus familias, trabajos, o sus negocios.

El Verdadero Jesús

Más Allá de las Máscaras Artificiales

Deshagámonos de las etiquetas trilladas—católico, mormón, protestante, bautista y muchos más otros—cada uno creando un "Jesús" a partir de sus propios credos artificiales. Estos grupos venden su versión como vendedores ambulantes, priorizando las donaciones sobre la verdad, haciéndoles cosquillas a los oídos de la congregación (**2 Timoteo 4:3**). Ningún pastor ni predicador pueden *replicar las obras del Espíritu Santo*, tal a como Dios la diseñó. El discipulado es un llamado—personal y voluntario—como el de los Doce, y libres para rechazar el llamado de **Colosenses 1:10**:

> "Andad como es digno del Señor [mostrando un carácter admirable, valentía moral e integridad personal], para agradarle [plenamente] en todo, dando fruto en toda buena obra y *creciendo en el conocimiento de Dios* [con una fe más profunda, una comprensión más clara y un amor ferviente por sus preceptos (en Su Palabra)]".

EL DESEO DE UN PADRE

Estas palabras de **Colosenses 1:10**, reflejan el mismo anhelo de cualquier padre terrenal que quieren disfrutar una cercanía con sus hijos, cuales quizás necesitan más tiempo para poder comprender las esperanzas de cualquier papa o mama. Conocer a nuestro Padre a como lo conoció Jesús es indescriptible—es algo único y especial reservado por Él para cada una de sus ovejas, y tenerlos juntos a como hermanos y hermanas en una familia. Una vez que usted llegué a este nivel de comunión con Él, yo, en mi caso, **nunca** volveré a la esterilidad de la religión que experimenté, cuando yo andaba buscando y anhelando de como acercarme a Él.

Sorprendentemente, este cambio de la rutina de practicar una religión en favor de una relación no fue algo que yo mismo lo impulsé, sino por la gracia de Dios al abrir mis oídos y ojos espirituales cuando yo ambicionaba por algo mejor, porque yo *no sabía que era capaz* de construir mi propio hogar espiritual, según el **Salmo 127:1**:

"Si el Señor **no edifica** la casa, *en vano trabajan* los que la edifican; si el Señor no guarda la ciudad, en vano vela la guardia".

LA INUTILIDAD DE LA RELIGIÓN

Durante treinta y cinco años, yo construí mi casa espiritual mediante la religión y por esfuerzos carnales, sin fruto y sin paz. En realidad, yo no culpo a las iglesias; ellas simplemente repiten lo que les han enseñado sus denominaciones, y las iglesias independientes, por lo que les han enseñado los "eruditos bíblicos" del seminario. En este último caso, las ovejas dejan llevar por lo que el pastor fundador "cree" acerca de lo que dice la Palabra de Dios—Ellos implemente dicen y hacen lo que su congregación tolera que, a su vez, ellos mismos no tiene conocimiento de lo que el Dios que ellos adoran les ha dicho en Su Palabra—ellos solo siguen sus enseñanzas, al igual a como yo lo hice—ovejas ciegas a la par con sus maestros (vea **Mateo 15:14**). Sin embargo, a pesar de estas primeras experiencias en un entorno eclesiástico, Dios cumplió Su promesa de **Romanos 8:28**. Ahora bien, ¿estoy condenando la existencia de estas iglesias? ¡Absolutamente no! Ellas me fueron útiles para desviarme del camino ancho que lleva a la perdición y me dirigieron al camino estrecho. Yo solo simplemente señalando sus debilidades, y su incapacidad para funcionar según el plan de Dios para la edificación de Su Iglesia. **1 Timoteo 1:5** citado abajo, nos dice que, entre Dios y sus hijos, **NO** hay intermediarios—es lo mismo a como necesitar un vecino o un amigo—que se interponga entre mis padres y yo, para explicarme quiénes ellos son, que es lo qué piensan, que son sus valores, etc., cuando en todo este tiempo soy yo, quien vive con ellos—¡es una locura! ¿Por qué, entonces, los hijos de Dios deberían permitir que alguien más, sea el mediador entre su Padre Celestial y ellos? ¿Acaso no aclaró Él, a Quién le dio ese papel en **1 Timoteo 1:5**?:

"Porque hay un solo Dios, y un **solo mediador** entre Dios **y los hombres**, Jesucristo el hombre" (también en **Hebreos 8:6**; y en **9:15** y **12:24**).

SABER VS. CREER

Creer en algo religioso palidece ante un conocimiento personal de Dios. Es en la búsqueda del discipulado donde podemos encontrar la plenitud de la Deidad (**Colosenses 2:8-10**)—lo cual exige que *solo la obra de su Espíritu*, no la de nuestra, ni la de otros, uno puede lograr esta hazaña. Una vez que obedecemos sus mandamientos, es cuando podemos comprender **1 Corintios 2:12-15**:

> "Nosotros no *hemos recibido el espíritu del mundo* (tan común en nuestros círculos religiosos), sino **el Espíritu que proviene** de Dios (no de alguna religión, denominación o predicador), para que conozcamos las cosas que Dios nos ha dado gratuitamente (Ibid.). También hablamos estas cosas, *no con palabras enseñadas por sabiduría humana* (Ibid.), sino con las que **enseña el Espíritu**, combinando pensamientos espirituales con palabras espirituales. Pero el hombre natural no acepta las cosas del Espíritu de Dios, porque para él son locura; y no las puede entender, porque se **disciernen espiritualmente**. En cambio, el espiritual discierne todas las cosas, pero él mismo no es juzgado por nadie"

LAS REVELACIONES DE LA PALABRA DE DIOS VIENEN DEL ESPÍRITU

Los hombres no pueden **discernir, ni enseñar** la profundidad de Su Palabra; solo Su Espíritu puede (**1 Corintios 2:11**):

"Porque ¿quién conoce los pensamientos y las intenciones del hombre, sino el espíritu del hombre que está en él? Así también, **nadie conoce** los ***pensamientos de Dios*, sino el Espíritu de Dios**".

Él es verdaderamente la Puerta Angosta por la que _DEBEMOS_ entrar; sin embargo, muchos cristianos eligen otras entradas, a pesar de Su Palabra en **Juan 10:7-9**:

"Jesús les dijo de nuevo: 'De cierto, de cierto os digo: Yo soy la puerta de las ovejas. Todos (_no algunos ni la mayoría_, ni uno que sea "especial", o el único) los que vinieron antes de Mí (los religiosos) son ladrones y salteadores, pero las (verdaderas) ovejas no los escucharon (a la comunidad religiosa). Yo soy la puerta; si alguno entra por Mí (NO por una religión con sus "pastores"), será salvo".

Personalmente, no creo que Él esté exagerando aquí, sino que dice claramente que solo hay UNA manera CORRECTA de entrar al Reino, y _no es_ por la puerta de una iglesia. Más adelante, en **Juan 10:27-28**, Él insiste:

"Las ovejas que son Mías (no las de alguna denominación o religión) _oyen_ mi voz y me escuchan (vale a repetir, no la de nadie más); Yo las conozco y me siguen. Y yo (ibid.) les doy vida eterna; y jamás perecerán, ni nadie las arrebatará de mi mano".

CAPÍTULO SEIS

Perdiendo Nuestra Herencia

No Todos Tendrán una Herencia

Me arriesgo a decir que todas estas verdades enumeradas hasta ahora tropiezan con las normas religiosas, donde el deseo de Dios de tener una relación íntima con "sus ovejas denominacionales" (según a como lo ven ellos) no tiene ninguna participación ni papel en la vida diaria de sus seguidores. A pesar de esta arrogancia religiosa, Él nos creó a *todos nosotros* para _conseguir_ esta herencia, este es nuestro **propósito y razón** de venir y vivir en este planeta.

Muchos de los llamados lo cambiarán por baratijas mundanas, el materialismo, poder, placeres fugaces y, en última instancia, la falsa alegría del dinero.

Yo las he probado todas y me han demostrado que son tan huecas como una pajita. Rechaza Su camino y corres el grave peligro de ser uno de los muchos "llamados", _pero no_ uno de los pocos "_escogidos_" (**Mateo 22:14**; **Juan 15:16**; **1 Pedro 2:9**), *perdiendo tu sacerdocio* por la _eternidad_, una falla que no se está enseñando en las iglesias y, estoy seguro, seguirá siendo así, hasta su Segunda venida.

Un Abuso Espiritual

Este analfabetismo de las ovejas acerca de lo que Su Palabra dice, está presente en cada iglesia—y, por supuesto, son blancos fáciles de manipular las emociones y el modo de pensar de esos cristianos sentados en las bancas quienes, sin quererlo, están allí con ganas de disfrutar de música y una charla motivacional durante una hora de entretenimiento. Sí, cabe preguntarse: ¿son conscientes de que este es el ambiente habitual hoy en día en la mayoría de las iglesias? Solo puedo compartir mis propias experiencias—este ambiente refleja la época de los Jueces en Israel, después del fallecimiento de Josué y su generación. Esto es lo mismo que estas organizaciones religiosas han logrado de hacer hoy. Si tuviéramos que comparar el vehículo de salvación proporcionado por nuestro Dios, y esa del establecimiento religioso de hoy, las diferencias son realmente marcadas—no es tan diferente a como si alguien toma un avión comercial de hoy, y decide a usarlo como un autobús en una autopista—ambos se mueven, pero *solo uno* vuela. En cualquier caso, solo uno está diseñado para ser el mejor vehículo de llevar a alguien de punto A, al punto B, durante una vida terrenal.

Yo sé que lo que hemos discutido hasta ahora, es algo sumamente incómodo, controvertido, provocador, debatible y, sin duda, una gran bola de masa harina en la garganta de cualquier persona religiosa, y sin duda, es extremadamente difícil de tragar.

Los fariseos y saduceos de su época demuestran que esto es absolutamente cierto. Sin embargo, estos principios y verdades que presento aquí no se refieren a lo que yo *"pienso, creo, o he inventado"*, sino que yo, actualmente Creo lo que leo en Su Palabra, y no lo contrario, a como se mencionó anteriormente. Es simplemente un desafío, *respaldado por la evidencia bíblica*, para cualquiera que anda buscando por la Verdad, y desea descubrir por *sí mismo* lo que Él ya ha declarado en Su Palabra—pero aún mejor, un criterio confiable para medir tu propio progreso en la verdad y la fe, en comparación con las experiencias que vas a encontrar en cualquier religión o iglesia atendida, la cual es una cosa más de lo que este mundo ofrece.

REDESCUBRIENDO NUESTRO PRIMER AMOR

En todo caso, esta información es solo otra oportunidad para investigar y profundizar en la precisión y claridad de la Palabra de Dios. Solo su Palabra escrita nos da la oportunidad de volver a enternecernos y conmovernos, y quiero decir, verdaderamente extasiarnos en reencontrarnos y unirnos con Él, quien es el único capaz de cambiar nuestra vida por completo, en el aquí, y en ahora, garantizando nuestro lugar en Su eternidad. Pero, aún más que todo esto, es una nueva ocasión para enamorarnos de Él, de nuevo, como ese día, cuando por primera vez, lo conocimos.

No hace falta decir que *no hay ninguna comparación ni semejanza* con *ninguna* de mis primeras experiencias en el mundo religioso— pero sin ningunas obras externas diarias, semana tras semana, para demostrarme a mí mismo que yo realmente vivía la "verdadera vida cristiana".

Esta vida religiosa es la razón por la que Él nos dice en **Apocalipsis 2:4**:

> "Pero tengo esta [acusación] contra ti: que tú has dejado ***tu primer amor*** [has perdido la **profundidad del amor** que al principio sentías por Mí]".

BUSCÁNDOLO CON TODO NUESTRO CORAZÓN

Puedo testificar personalmente a todos mis lectores que yo, después de experimentar sobrenaturalmente Su Amor aquella noche de mi salvación, en agosto de 1975, donde, en tan solo unos pocos años, esa experiencial y realidad en mi vida se desvaneció, y el compromiso que yo había hecho con Él en esa noche, resultó a ser superficial, y la "fe" que yo "creía" en tener, en substancia, fue fabricada por mí mismo.

No tomo mucho tiempo después de esa noche, donde ir a mi iglesia los domingos, reuniones los miércoles, y estar ocupado con eventos programados por los hombres a cargo, en lugar de Su Espíritu, se habían convertido en nada más que otro encuentro en mi calendario social, en lugar de ir a un campo de golf, o ir al bar del barrio, cual, en cualquier caso, ninguno tiene importancia, o profundidad espiritual.

En mi vida, todo esto era simplemente una necesidad de hacer algo confortante para "sentirme bien", pero ese "algo" aún seguía siendo, así decirlo, un sueño quijotesco, acumulando polvo en la lista de mis deseos mentales—disfrazando la fe con la esperanza y la añoranza, esperando por aquel día en que yo moriría para experimentarlo. Parece que deambulamos por pasillos espirituales, camuflando la sensación de aprensión como si fuera una alegría real, pero nunca satisfactoria. Él no fue el que forjó este cambio en mi vida después de mi salvación—yo lo hice por mí mismo.

Pero también estoy aquí para decirles que hoy en día, ese amor que yo sentí y recibí esa noche de agosto de 1975, no sólo ha sido renovado y restaurado, sino también _amplificada_ exponencialmente por una _experiencia personal real_, a como a menudo se afirma en las epístolas de Pablo, por Su constante comunión <u>conmigo</u>, cada segundo de mi vida.

Y todo esto empezó a cambiar cuando yo leí, y tomé en serio, **Deuteronomio 4:29**:

> "Pero desde allí buscarás a Jehová tu Dios, y lo hallarás, _si lo buscas_ con <u>todo tu corazón</u> y con _toda tu alma_ (también en **1 Crónicas 28:9**, **Jeremías 29:13** y otros)."

De nuevo, si este concepto de tragar esa enorme bola de albóndiga resulta a ser algo muy duro de tragar, eso lo fue también para los fariseos y saduceos mencionados antes. Entonces el problema no se radica en el mensaje transmitido, sino en los obstáculos religiosos de la incredulidad, la rigidez, y la inflexibilidad de la religión, que aún persiste hoy en día. Ellos solo habían cerrado, como hoy, sus mentes a la posibilidad de que Dios:

> "Mis pensamientos <u>no son</u> tus *pensamientos*, ni tampoco *tus caminos* son Mis caminos—declara el Señor— Porque como son más altos los cielos que la tierra, así son Mis caminos más altos que tus caminos, y Mis pensamientos más altos que tus pensamientos" (**Isaías 58:8-9**).

DESAFIANDO A LO VIEJO

UN NUEVO CAMINO

Ahora, para esos judíos en el tiempo de Jesús, todo ese odio y rencor, se debía a que Jesús les había presentado una verdad *diferente* a sus propias ideas y costumbres religiosas cómodas, con las que ellos habían sido adoctrinados e inculcados por el establecimiento religioso—desafiaba todo ese acondicionamiento de adoración antiguo que su sistema religioso había estado difundiendo durante los 1500 años anteriores—a como es por nosotros hoy, ya sea como al menos de1800 años.

No es de extrañar entonces que se puede mirar un grado de frustración reflejado en el libro de Juan ante esta ceguera nacional—ilustrado por el hecho de que solo había 120 discípulos juntos, en el día Pentecostés después de la resurrección fuera de los miles, sino millones, que siguieron a Jesús durante sus tres años de ministerio.

Lucas 13:24 nos advierte:

> "Esfuércense por *entrar por la puerta angosta* [dejen de lado la *incredulidad* y las atracciones del pecado]; porque les digo que muchos intentarán entrar [por sus *propias obras* (religiosas)] y *no podrán*".

Y en **Juan 8:43** porque no pueden:

> "¿Por qué no entienden lo que digo? Es porque [sus oídos espirituales están sordos y] *no pueden escuchar* [la verdad de] Mi Palabra".

No Entraron por La Incredulidad

Luego, más adelante, en **Hebreos 3:19**, Él explica a los santos del N.T. por qué *los cristianos*, al igual que los judíos salvados de Egipto, también corren el peligro de *perder su herencia*:

> "Vemos, pues, que ellos (los esclavos judíos) **no pudieron entrar** [en su reposo, la tierra prometida (como los cristianos de hoy)] debido a su **incredulidad** y a su falta de voluntad para **confiar** en Dios (Palabras)".

Una Aceptación Ciega

En realidad, condiciones siendo iguales, no es la culpa de las iglesias—ellos enseñan según su entrenamiento, sino de que los fieles se lo tragan todo, como si todo ello fuera la "verdad del evangelio", a como los judíos bajo los rabinos, asumiendo que sus tradiciones son la Palabra de Dios.

La verdad es que todo este conocimiento es ***nuestra responsabilidad***—porque ellos aceptan toda esta desinformación y errores de la religión, sin cuestionarlos. Pero esto es de esperar, ya que la religión, sea cual sea, su forma es parte de todas las culturas del mundo, <u>*al igual*</u> que el arte, la música, o el folclore.

Entonces, si uno desconoce los derechos que Dios otorga en Su Palabra para aquellos que responden a Su llamado, ¿cómo se puede alguien a luchar contra las entidades espirituales que gobiernan este mundo *a través de sus instituciones humanas establecidas*? Es como si alguien fuera arrestado falsamente y desconoce sus derechos bajo la Constitución de su país, ¿cómo podrá esa persona a defenderse?

REACCIÓN SINCERA

La mujer samaritana recibió la información necesaria de nuestro Señor para corregir su creencia inculcada desde los días de Jeroboam, y tomó en serio su Palabra, e incluso mejor, la puso en práctica. Sin embargo, a diferencia de nosotros hoy, esta mujer samaritana tenía una excusa válida—ella desconocía la voluntad de Dios, debido a su ignorancia de la verdadera Palabra de Dios en aquel entonces, ya que nadie podía leer, ni comprar pergaminos, excepto la clase dirigente religiosa, y los ricos. No obstante, después de que nuestro Señor le reveló a ella la Verdad, si ella no la hubiera puesto en práctica, esa excusa de no saber se desvanecería al conocerla de primera mano cual vino del autor de la Palabra. Bien, con todo lo que Él nos ha dado hoy, ¿cuál es nuestra excusa?

Él nos anima en **Colosenses 3:23-24** donde:

> "<u>Todo</u> lo que hagan [sea cual sea su tarea], háganlo con
> el alma [es decir, esfuércense al máximo (Él no busca

la perfección en nosotros)], como algo hecho *para el Señor* y no para los hombres, sabiendo [con toda certeza] que del Señor [no de los hombres] *recibirán la herencia*, que es *Su* [*mayor*] *recompensa*" (véanse **2 Timoteo 3:13-14**; y **2 Pedro 3:17**).

Ahora bien, si alguien piensa que con solo "***creer***" se libra uno de la responsabilidad de vivir y actuar conforme a Su Palabra, y que, sin hacer esto, aun ¿creen que van a *recibir una herencia*? lo siento, Su Palabra deja claro aquí, que *no es así*—es solo nuestra *reacción manifestada en la forma de en acción al conocimiento de Sus Palabras*, es lo que *determinará* si nosotros vamos a recibir nuestra herencia.

En **Mateo 14:1-20**, y en **7:24-27**, Él nos advierte sobre los dos únicos cimientos sobre cuales uno puede construir nuestra casa espiritual, e identifica cuál es el más exitoso si uno *decide por la decisión que es correcta*:

> "Así pues, todo el que oye estas palabras mías y las *pone en práctica*, será como un hombre sabio [un hombre previsor, práctico y sensato] que edificó su casa sobre la roca. Cayó la lluvia, vinieron torrentes e inundaciones, soplaron los vientos y azotaron aquella casa; pero no cayó, porque estaba cimentada sobre la roca. Y todo el que oye estas palabras mías y *no las pone en práctica*, será como un hombre necio que edificó su casa sobre la arena. Cayó la lluvia, vinieron torrentes e inundaciones, soplaron los vientos y azotaron aquella casa; y cayó, y fue grande y completa su caída" (afirmado en **1 Corintios 3:11-15**).

Nada de esto se trata acerca de nuestra salvación, sino del *potencial* de tener la calidad de vida (de **Juan 10:10**) donde nuestra herencia *dependerá totalmente* a nuestra obediencia, usando **1 Juan 1:9** para mantener una _comunión con Él_ las **24 horas del día**, los **7 días** a la semana.

Todo esto se reduce a lo que Él nos dice en **Lucas 16:10-11**:

> "El que es **fiel** en lo muy poco, también en lo más es fiel; y el que en lo muy poco es injusto, también en lo más es injusto. Así que, si **no habéis sido fieles** en el uso de las riquezas terrenales, ¿quién los confiará las **verdaderas riquezas?**"

El Peso de la Rendición de Cuentas

Si uno no puede discernir y en razonar esto, entonces no podrá comprender ciertos versículos misteriosos que encontramos en todos los Evangelios, como este de **Lucas 12:47-49**:

> "Y aquel siervo que, _conociendo la voluntad_ de su Señor y, sin embargo, no _se preparó ni obró conforme a ella_, recibirá muchos azotes; pero el que sin conocerla hizo cosas dignas de azotes, recibirá pocos. A todo aquel a quien se le dio mucho, mucho se le exigirá; y a quien mucho se le confió, más se le pedirá."

La Adoración Verdadera

Cuando el Espíritu explica Su Palabra a nosotros mismos (**1 Corintios 2:11**), no _hay misterios,_ solo para aquellos quienes prefieren permanecer desinformados y mal informados por el clero. Se supone que los pastores deben guiar y capacitar a los discípulos para _edificar Su iglesia, y no a la de ellos_ (**Efesios 4:11**). Pero la realidad es que estas iglesias solo pueden producir "_**creyentes**_", y no _**discípulos**_; por lo tanto, según Sus estándares, estas "iglesias" dirigidas por el hombre, han fracasado miserablemente en esta tarea, a menos que uno crea, o por defecto, piense que la ignorancia es una bendición.

Si los pastores realmente estuvieran cumpliendo con su labor de cultivar (no ensenar) más también dirigir y guiar a ***discípulos***, en lugar de "***creyentes***", para edificar Su iglesia a como se instruye en **Efesios**, es fácil ver, una vez más, que, según estos patrones, la religión cristiana no solo está fallando en esto, sino que también han perdido por completo el significado de las palabras y el tema de **Juan 4:21-24** y su *verdad* en ella.

Así que, repasemos el diálogo de la samaritana con nuestro Señor:

> "Jesús le respondió: 'Mujer, créeme, llega la hora [cuando aparezca la salvación de Dios] en que (***cada uno***) no adorará al Padre ni en este monte ni en Jerusalén (ni en una iglesia). Ustedes (y muchos de nosotros hoy) no saben lo que adoran; nosotros [los judíos] sí sabemos lo que adoramos, porque la salvación viene de los judíos. Pero llega la hora, y *ya ha llegado*, en que los VERDADEROS adoradores, adorarán al Padre en **ESPÍRITU** [desde el corazón, desde lo más profundo de su ser (imposible sin Su Espíritu dentro de nosotros)] y en *verdad* (en nuestra Biblia); porque el Padre *busca a tales personas* para que sean sus adoradores. Dios es Espíritu [la Fuente de vida, aunque invisible para la humanidad], y quienes lo adoran, **DEBEN** *adorar* (no se da otra opción aquí) en **ESPÍRITU** (dentro de nosotros) y en *verdad* (nuestra Biblia, **si** elegimos leerla y estudiarla)".

No hace falta ser un genio para poder reformular las palabras de nuestro Señor a esta mujer como:

"Mujer, créeme, llegará el tiempo [cuando llegue la salvación de Dios] en que (individualmente) *__no adorarás__* al Padre ni en la iglesia católica, protestante, mormona, etc., ni en La Meca, el Tíbet, la India, etc.".

Muchos creyentes buscan el atractivo superficial de la religión, estableciendo y elaborando un Dios que les gusta y que talla a su propia imagen, ciegos a su voluntad en las Escrituras. Esto es simple para aquellos que son guiados por Su Espíritu, pero es una ciencia espacial solo para los eruditos bíblicos en las instituciones religiosas.

La Substancia de la Salvación

Considere la típica afirmación sobre lo que la salvación es, que yo he escuchado personalmente de pastores de reputación: "Confiesa tus pecados, nace de nuevo—esa es la clave (para la salvación)". Aunque esto es *parcialmente* cierto, pero en realidad, es solo uno de los pasos de venir a la salvación, pero *no la causa* de ella.

Romanos 10:9-10 lo aclarece:

"Si confiesas *con tu boca* que Jesús es el Señor (*de tu vida*, no de tus pecados), y *crees en tu corazón* (no con tu mente) que Dios lo levantó de entre los muertos, *serás salvo*; porque *con el corazón* (de nuevo, no con la mente, como es común en nuestras iglesias por miedo, o por la venta de una denominación, o religión) *se cree* para justicia, y con la *boca se confiesa* para la salvación".

(Esto se confirma en **Mateo 10:32**, **Lucas 12:8** [Jesús nos confiesa como salvos], y en **Hechos 16:31**, y **Romanos 1:16**).

CONFESIÓN EXPRESADA

Creer con el corazón es un asunto personal entre el Señor y sus ovejas; por lo tanto, dejémoslo de lado. Ahora examinemos la palabra traducida "*confesar*", en el idioma original para comprender mejor lo que este pasaje realmente dice:

"*Confesar*" (griego: **homologeō**)—significa "**estar de acuerdo, declarar abiertamente**"; de no solo tus pecados, sino del **Señorío de Jesús sobre tu vida**. "*Confesar*", entonces, en el pasaje anterior, simplemente significa declarar tu propia culpa y aceptar la pena de muerte por el pecado de declararnos nosotros mismos de haber hecho **nuestro propio dios** a la imagen de nosotros, lo cual no concuerda con el mensaje evangélico del Espíritu acerca de *quién es Jesús*. Con este asentimiento, aceptamos a Jesús como nuestro Señor y Dios, y nuestro *sustituto* por la pena de muerte en la cruz (**Romanos 1:16**).

Una vez que esta creencia se establece y se acomoda en tu corazón y mente (creyendo lo que sabes *es verdad* en tu corazón), hay que confesar *el pecado de vivir to vida como tu propio dios*—esto es lo que trae la salvación, una *sumisión total* al Dios que te creó. Después de la salvación, *la meta es a convertirse* en un **discípulo**, no solo en un mero "creyente" improductivo.

El otro fin es en *permanecer limpio* de los pecados diarios que, *por seguro*, vamos a cometer, sin importar quién seas—ya que todos los pecados de tu pasado ya están borrados para la eternidad al pie de la cruz y en mantenerte limpio constantemente con solo **obedecer 1 Juan 1:9**:

> "Si [libremente] *admitimos* que hemos pecado y *confesamos* nuestros pecados, Él es fiel y justo [fiel a su propia naturaleza y promesas] y nos perdonará todos nuestros pecados y *nos limpiará continuamente* de toda

maldad [nuestras malas acciones, todo lo que _no está de acuerdo_ con su _voluntad y propósito_ para nosotros]".

LOS PECADOS EN EL PASADO PERDONADOS ETERNAMENTE

En mi opinión, al cristiano promedio (fui uno por décadas) no se le ha enseñado que, cuando acudimos a Él para nuestra salvación, _todos nuestros pecados, el 100% de ellos_—desde la edad de responsabilidad hasta ese momento de encontrar a Él, han sido perdonados por siempre—tal como nos promete en el **Salmo 103:11-12**, citado en lo siguiente.

Hebreos 10:14 afirma esta verdad:

"Porque con una sola ofrenda, Él ha _perfeccionado_ [a nosotros] por siempre, y ha _limpiado_ completamente (nuestros pecados) a los que están siendo _santificados_ [llevando a cada uno a la plenitud y _madurez espiritual_]".

Después de la salvación, solo nuestros pecados diarios necesitan la confesión—pero una _incredulidad_ de esta verdad (como en el desierto) _ofende a Dios_ (**Hebreos 3:19**; y en **4:6**). Si uno elige ignorar **1 Juan 1:9**, se arriesga a tener una separación constante de Él. Debemos reconocer que Dios es _sensitivo_ a nuestras dudas (al igual que a las de los esclavos _después de su salvación_ de Egipto) sobre sus promesas y a nuestra _incredulidad_, como se muestra claramente en la historia del Éxodo (también en el **Libro de Hebreos**), donde este tipo de actitud, _inocente o no_, traerá consecuencias imprevistas y desagradables, como las de **Hebreos 3:19** y **4:6**, en nuestra vida diaria, una cortesía de los aliados del diablo en tu vecindario.

Por lo tanto, no podemos permitir _ninguna separación_ indeseada por no tener una comunión con Él—si ignoras y no aplicas **1 Juan 1:9** cada segundo de nuestra vida, si es necesario, entonces como Job, vivirás sobre la autoridad del dios de este mundo. Los cristianos tienden a olvidar que más de medio millón de esclavos que murieron tras salir de Egipto, y nunca _llegaron_ a la Tierra Prometida.

PERMANECIÉNDOSE EN LA VID

Otra vez más, tengo que reforzar que esto _nada de esto_ se trata de perder nuestra salvación, sino una de mantener una _constante comunión_ con Él, dando _un fruto aceptable_ (**Salmo 51:17**; **Hebreos 6:6-8**) que solo pueden ser _producidas por la Vid_ (**Juan 15:3**), y evitando que el Padre nos poda (**Juan 15:2**) _fuera_ de la Vid, perdiendo una comunión constante con nuestro Salvador y, por lo tanto, no poder producir ningún fruto provisto _por Él_, no por nosotros con nuestras obras religiosas muertas.

Todos los pecados previos a la conversión han desaparecido (**Efesios 1:7**; **Colosenses 1:14**). Pero en revisarlos (algo común en el cristianismo de hoy) y pedir un perdón de nuevo, indica incredulidad de que ellos fueron realmente perdonados cuando vinieron al pie de la cruz, arriesgándonos a las _consecuencias_ de **Hebreos 3:19** y de **4:6**—medita en **Hebreos 10:29** para ver esta conexión.

El **Salmo 103:11-12** confirma la irrevocabilidad del perdón de los pecados por parte de Dios:

> "Porque a como la altura de los cielos es sobre la tierra,
> tan grande es, su misericordia sobre los que le temen
> y le adoran [con profundo respeto y profunda reverencia]. A cuanto está lejos el oriente del occidente, El
> alejó de nosotros, nuestras transgresiones" (también en
> **Efesios 1:7**; **Colosenses 1:14**).

Nuestra Vida Post-Salvación

Purificación Diaria

A riesgo de ser redundante—pero así es como se hacen seguros los aviones comerciales—después de la salvación, _solo necesitamos confesar nuestras ofensas diarias_, a como Jesús advirtió a Pedro en **Juan 13:8**. Repasemos esto una vez más:

> "Si Yo _no te lavo_ (no el confesionario de tu iglesia, ni otras soluciones religiosas engañosas), _no tienes una parte_ [no podemos tener _nada que ver_ el uno con el otro] conmigo."

Como un auto sucio, una vida espiritual impura, impulsada por el miedo, la duda, la ira, envidia, ansiedad, preocupación, etc., cuales _no resuelven ningún problema_ de la vida, _ofende la fidelidad de Dios_ de cumplir cada promesa que Él ha prometido personalmente a cada uno de Sus niños (**Hebreos 3:12-16; 1 Juan 1:9**).

Dudar de Su capacidad para cumplir Su propósito para tu vida es una afrenta para Él, corta tu comunión con Él, y pone un muro de separación (**Isaías 59:2; Deuteronomio 27:26**) entre Él y tú, cortando una _constante comunión_ con Él. Piensa en esto: si tu sigues levantando muros entre tú y Él, ¿cómo entonces El podrá protegerte, proveerte y tener una comunión contigo? Esta es la clase de lección que se encuentra en toda la historia del Éxodo, y en el libro de Job también, pero todo esto en el mundo cristiano es ignorado por completo.

La Vida Abundante Desbloqueada

En alejándonos de esta ofensa de incredulidad y de una desconfianza autoimpuesta contra Su Palabra, debemos entonces, en cambio, a elegir y a concentrarnos en nuestra relación diaria con Él, lo cual sin duda lo desbloqueará para cualquier hijo obediente Suyo, con un resultado de vivir la vida abundante prometida en **Juan 10:10**.

Y por favor, no piensen que esto es un mensaje de prosperidad absurda, sino _el cumplimiento_ de Su promesa en **Mateo 6:33**, donde Él va a satisfacer _cada diaria necesidad_, _no cada deseo_, por lo cual yo soy un testigo de su veracidad en mi propia vida. Nada más, nada menos.

¿Es esto difícil? En realidad, no, solo que tenemos que:

> "Continúen trabajando en su [propia] salvación [es decir, cultívenla, llévenla a su plenitud, _busquen activamente_ la madurez espiritual] con temor reverente y temblor [empleando seria cautela y autoevaluación crítica para _evitar cualquier cosa_ que pueda _ofender_ a Dios, o desacreditar el nombre de Cristo]" (**Fil. 2:12**).

La Prueba de Nuestro Convenio

En mi experiencia, al concentrarme en estar cerca de Él en cada momento de mi vida, fue entonces cuando yo comencé, de poco a poco, a vivir la vida de **Juan 10:10** que Él nos ha prometido a _cada uno_ de nosotros. ¿Puede alguien lograr esto de forma constante? Sí, pero requiere un verdadero compromiso, dedicación y firmeza de corazón, y la perseverancia en cada momento difícil de nuestras vidas. Créanme, esto se pondrá a prueba al tratar con otros seres humanos (nuestro prójimo en **Mateo 5:24**; **Lucas 10:29**), sin importar que no sean parte de nuestra familia, o por un completo desconocido.

Sin embargo, estos cambios en tu vida comienzan cuando obedeces activamente a **Mateo. 6:33**, que nos aconseja:

"Busquen *primeramente* (anhelad, esforzaos por) *Su reino* y *Su justicia* [su manera de *hacer y ser rectos*—la actitud y el carácter de Dios], y *todas estas cosas* (tus necesidades físicas, mentales y financieras, no tus deseos) les serán añadidas".

La Emboscada del Nuevo Nacimiento

La Salvación No Es Sinónima con El Nacer de Nuevo

A pesar del astuto dogma del diablo desde la invención de la religión cristiana el siglo III, es decir, que la salvación es equivalente a ser nacido de nuevo, ¡no! *No lo es*—esta doctrina demoníaca (**1 Timoteo 4:1**) confunde *la diferencia* entre *ser salvos*, *nacidos de nuevo*, y esa de *entrar en el Reino* de Dios.

La salvación sí conduce a la *comunión* con Dios si se cumplen *todas sus condiciones*, como a se han enumerado aquí, y al no ofender a Él *constantemente* (como los esclavos en el desierto)—son distintas entre sí. Es como la agua: una molécula de hidrógeno (el cuerpo), una molécula de oxígeno (el alma) y otra molécula de oxígeno (el espíritu humano) son dos naturalezas diferentes, a como lo son estos dos gases; sin embargo, ellas carecen de la vida eterna (**Efesios 2:1**; y en **2:5, Colosenses 2:13**).

Él mismo, ***nos da la definición*** de **como adquirir la vida eterna** en **Juan 17:3**:

> "Y <u>*ESTA ES la vida eterna*</u>: que te <u>*CONOZCAN*</u> *a Ti*,
> el único Dios verdadero, <u>*y a Jesús, el Cristo*</u>, a quien Tú
> has enviado".

Por favor, díganme, adonde se ve, o se encuentra aquí, ¿dónde la "<u>*creencia*</u>", da la vida eterna? De manera similar, estos religiosos creen que la salvación y entrar en el Reino son iguales.

ES LA AGUA VIVA

Usemos términos humanos—es similar al agua, <u>*la salvación*</u> es la molécula de hidrógeno, y el Espíritu de Dios dentro de nosotros produce el <u>*naciendo de nuevo*</u>, son las otras dos moléculas de oxígeno, sin embargo, el agua viva (<u>*La Palabra de Dios a través de Su Espíritu*</u>), es la fuente <u>*requiere esas dos moléculas*</u> de oxígeno (nuestro espíritu unido con la de Él). Entonces, si nosotros nacimos con solo un espíritu, ¿de dónde obtenemos esta <u>*segunda molécula*</u> de oxígeno? Sí, es obvio—el **Espíritu de Dios** es esa <u>*segunda molécula*</u> de oxígeno que, al combinarse con nuestro espíritu, produce agua vivificante. Esta combinación de estos <u>*tres elementos*</u> es lo que <u>*garantiza nuestra entrada*</u> al Reino de Dios.

A primera vista, esta afirmación parece, especialmente para la mente religiosa adoctrinada, un ataque contra sus creencias y tradiciones, cuales son basadas en aceptar enseñanzas erróneas, como si doctrinas basadas en la opinión de la religión <u>*son fundadas*</u> en la Palabra de Dios. Estos dogmas, <u>*incluyendo*</u> la idea de que "<u>*todo cristiano es un hijo de Dios*</u>", han sido <u>*inculcadas durante siglos*</u>. Pero no, Pablo usó esta frase con los atenienses para llamar su atención a través de sus creencias, pero no la validó como si fuera una verdad. La *definición de ser un hijo de Dios* está declarada en **Romanos 8:13-14**:

> "Porque *si viven según los deseos de la carne*, morirán; porque si, el Espíritu hace *morir las obras pecaminosas del cuerpo*, vivirán. Porque **todos** los que son *guiados por el Espíritu de Dios **son hijos de Dios**.*"

Por lo tanto, si tú *no eres guiado* por el Espíritu de Dios, **NO** eres un hijo de Dios, sino simplemente una persona que has *sido salvado del juicio final de Dios*, y solamente sois alguien que:

> "Él nos ha *rescatado* y nos ha atraído a sí mismo *del dominio* de las tinieblas, y nos ha *trasladado* al reino de su Hijo amado" (**Colosenses 1:13**) y también en **1 Pedro 2:9**.

Pero esta disparidad entre la *salvación, nacer de nuevo,* y *entrar en el Reino* se comprende fácilmente al reflexionar sobre la composición y combinación de las moléculas de agua, a como se mencionó anteriormente.

Así que, volviendo a la *composición básica de salvación total*, y el de cada de los tres estados de nuestro propio ser, la nueva pregunta es: ¿podemos esperar alguna equivalencia en la naturaleza de estos tres desarrollos que son *estados separados* pero juntos en un *individual* para vivir la vida cristiana?

¡No! Son *independientes* entre sí mismos, pero, como el agua, *son uno* en naturaleza cuando se combinan.

Esa es la diferencia entre ser *salvo de la ira* de Dios, *nacer de nuevo de arriba*, y *entrar en el Reino*. Todos ellos deben *combinarse* para que seamos *sacerdotes ante nuestro Dios*, según el requisito de **Oseas 4:6**. Si uno no cumple alguno de esos tres requisitos, entonces la condenación de este versículo se aplica sin remedio una vez que nosotros dejamos esta vida.

LA DEFINICIÓN DE NACER DE NUEVO

Refutemos ahora esta suposición religiosa y error doctrinal, sembrado por el enemigo de Dios, con gran éxito debo añadir, en las mentes de aquellos cristianos que *no conocen* La Palabra de Dios, cuales abarrotan los pasillos de las iglesias del establecimiento religioso.

La palabra "*nacer de nuevo*" aparece solo cuatro veces en el Nuevo Testamento—en **Juan 3:3** y **3:7** (tal como a su definición en **1:13**), y en **1 Pedro 1:3** y en **1:23**.

En **Juan 3:3**, el contexto del texto indica *claramente* que este estado de ser es simplemente el REQUISITO para *abrir* nuestros ojos espirituales para "*ver y experimentar*" el Reino de Dios. Esto, por supuesto, solo es cierto si estamos *unidos* con Su Espíritu Santo. Solo entonces, es cuando cualquier persona puede venir en contacto con el Reino de Dios.

Ahora bien, en **1 Pedro 1:3**, Él nos confirma las palabras de **Juan 3:3** al afirmar que este proceso *proviene de arriba*, y ***no*** mediante de nada religioso, o lo que nosotros podamos "hacer" para ser *transformados*, *cambiados*, y *santificados* por *nosotros mismos*, por solo simplemente por "**creer**".

Es como que nos olvidáramos que el término "*nacer de nuevo*" significa realmente "*renacer de arriba*", no de abajo por *ningún* ser humano, la religión, ni por obras religiosas motivadas por uno mismo.

El nacer de nuevo es un *acto sobrenatural* que *solo puede venir de Dios*, donde una persona *no regenerada*, es *espiritualmente* **NO** ha sido "*transformado, renovado, y santificado*" POR Él, ni por ningún ser humano, ni por su religión. Esto es algo que **SOLO** su Espíritu Santo lo puede hacer, y no mediante algo que podamos "hacer, decir o realizar" para el placer de *ningún* grupo o denominación religiosa.

Confirmemos esto a como lo define Cristo mismo en **Juan 3:3**:

"Les aseguro y de la manera más solemne les digo que el que _no nace de nuevo_ [_renacer de arriba_—espiritualmente _transformado, renovado, y santificado_], **no puede** [**jamás**] _ver_, _ni experimentar_ el Reino de Dios".

Y en los siguientes versículos de **3:6-7**:

"Lo que nace de la carne, carne es [lo físico es meramente físico]; y lo que nace del Espíritu, espíritu es (su Espíritu _unido_ a tu espíritu). No se sorprendan de que les haya dicho: 'Deben nacer de nuevo' [renacer de lo alto]—[_espiritualmente transformados, renovados, santificados_]".

Ahora en **1 Pedro 1:23** se mira la confirmación de **Juan 3:3**. Pero antes de continuar, analicemos con más detalle _**cómo nacemos de nuevo**_ en este pasaje de **1 Pedro 1:3**:

"Habiendo **purificado** sus almas (por medio de Cristo) _obedeciendo_ a la Verdad (de la Palabra de Dios) **por medio** _del Espíritu_ en un amor fraternal sincero, ámense unos a otros entrañablemente con un corazón puro, habiendo sido _nacidos de nuevo_, no de simiente corruptible (nuestra carne), sino de incorruptible, _**por medio de la Palabra de Dios**_ que vive y permanece para siempre".

Lamento decirles que _ninguno de nosotros_ podemos de lograr este nacimiento por nosotros mismos por solo al "_**creer**_" lo que su pastor, cura, o predicador les dice. No es posible tampoco por, ni a través de una religión, ni nada que esta _**afuera de Su Espíritu**_, porque el nuevo nacimiento ***solo puede venir de Dios*** cuando cumplimos *todas* Sus condiciones, explicadas en Su Palabra, a como se ha afirmado y comprobado bíblicamente en este trabajo hasta ahora, y porque la salvación se limita a solo *ser salvos de la ira* de Dios venidera.

La Importancia de Ser Nacido de Nuevo

¿Por qué es primordial nacer de nuevo? Bien, es de esto lo que se trata en Juan **1:3:9**, para comprobar por *nosotros mismos* de que si, somos *realmente* nacidos de nuevo, y por qué es absolutamente necesario de que esto le suceda a todo cristiano para poder *entender* Su corazón y Su cruz:

> "**Nadie** que *es **nacido** de Dios* [*deliberado, consciente y habitualmente*] **practica** el pecado, porque la *simiente* de Dios [Su principio de vida, la esencia de Su carácter justo] **permanece** [permanentemente] en él [que *nace de nuevo*—que renace de arriba—espiritualmente transformado, renovado y apartado para *Su propósito*]; y el [que nace de nuevo] no puede habitualmente [vivir una vida caracterizada por] el pecado, porque **es nacido de Dios** y *anhela agradarle* [a Él]."

Punto y coma, no es nada más, ni menos que esto.

¿Quiénes son los Hijos de Dios?

¿Por qué es importante entonces a entender por qué *debemos de nacer de nuevo* a través de Su Palabra y el Espíritu? Aquí hay otra verdad engañosa—las ovejas han sido engatusadas por las enseñanzas de la religión, en haciéndoles creer que con solo

"*creer*", automáticamente se "*convierten*" en hijos de Dios. Pero antes de que *descartes esta verdad* que **voy a demostrar bíblicamente, leamos** *lo que Dios ha dicho al respecto*, **porque el sesgo religioso, siempre** *rechazará* una verdad incómoda. Y créanme, yo mismo fui sorprendido y tenía dudas al respecto, hasta que Él *presentó su caso escrito en Su Palabra*.

Nosotros parece que elegimos de olvidar que Dios escogió, de sobre toda la tierra, a un *solo un hombre*, Abram, **después de descartar al resto de la humanidad en Deuteronomio 32:7-9, excepto por la descendencia de Shem, ni el hecho de que, a como nos dice Apocalipsis 20:8, que en el futuro, habrá un grupo de personas que entrarán y vivirán en el Reino Milenial, cual "número es como la arena de la orilla del mar", cuales vivieron en un mundo perfecto bajo Cristo Jesús como Rey durante mil años—quienes, después de vivir en un mundo perfecto, luego se rebelaron y atacaron la Jerusalén celestial para derrocar a nuestro Señor Jesús a ser nuestro Rey.**

Entonces, la pregunta es: ¿*harían esto, un* *verdadero hijo* **de Dios** *nacido de nuevo*"? **Reflexionemos sobre ello.**

¿Cómo conocemos todos estos detalles? Él nos lo dice de dónde comenzó todo esto en Deuteronomio 32:7-9.

Estos dos versículos, leídos en hebreo, están escritos lo más cerca posible al español:

> **"Cuando el Altísimo dio a las naciones su herencia (repartiendo toda la tierra a los hombres,** *excepto* **la** *Tierra Santa*)**, cuando separó (divorció) a los hijos del hombre (en la** *Torre de Babel*)**, Él, fijó los** *límites de las naciones* **según el número de** *los hijos de Dios* **(los** *ángeles caídos* **[Job 1:1-2] que se convirtieron en los dioses falsos de la humanidad caída—no la idea torpe de los "teólogos" que enseñan 'según el** *número de los hijos de Israel*'**). Porque la porción**

del Señor (*es la Tierra Santa*) y Su porción escogida es su pueblo; Jacob (Israel) es la porción de Su herencia."

(Ver la **confirmación** de esto en **Hechos 17:26**).

Piensen en lo bajo que es el coeficiente intelectual espiritual de estos "teólogos", intentando dividir *70 naciones entre 12*, el número de los hijos de Jacob. Si no fuera triste, sería risible.

Este es otro error religioso que, al igual que la creencia de que la salvación y la entrada en el reino son lo mismo—quienes piensan también que, con solo "*creer*" uno se convierte en hijo de Dios como por arte de magia—claro, todo esto **proviene de mentes religiosas fértiles, provenientes de las incubadoras de los seminarios. No es así; de nuevo, son** *dos cosas distintas*.

Aquí esta lo que *Él nos dice* **sobre** que es el requisito **para** *ser* **hijo/a de Dios en Romanos 8:13-14:**

"Porque si vivís *conforme* a los [impulsos de la] *carne*, moriréis. Pero si [vivís] por el [*poder del*] Espíritu Santo, hacéis morir habitualmente las obras pecaminosas de la carne, y viviréis [*realmente*] por siempre. Porque todos los que *se dejan guiar* por el Espíritu de Dios SON *hijos de Dios*."

Y en Mateo 5:9:

"Bienaventurados [espiritualmente tranquilos con la vida y el gozo en el favor de Dios] los que hacen y mantienen la paz, porque ellos [(por medio del Espíritu Santo) *expresarán su carácter y*] *serán llamados hijos de* Dios." (ver Juan 12:36; Gálatas 4:5-6; Gálatas 5:6).

Esto es lo que Él ha *declarado* en Su Palabra no la religión—Yo solo soy el mensajero.

LA LECCIÓN DEL HIJO PRÓDIGO

Piensen en esto en el contexto de la parábola del hijo pródigo. Tras ofender a su padre, se *separó* de su padre (su creador) pero él, nunca perdió su relación de filiación con su padre. Sin embargo, para regresar al padre, se *requirió su arrepentimiento* para recuperar esa posición como miembro de su hogar.

Sin embargo, no olviden que el padre, al regresar, no le dijo al hijo que regresó, *lo mismo de que le dijo al hijo obediente*—"mi hijo, tú *siempre estás conmigo*", y *todo lo mío* es tuyo". El hijo menor solo recibió ropa nueva, sandalias y un anillo que simbolizaba la afiliación con su hogar. Nuestro Señor Jesús nos enseña en esta parábola una lección sobre la naturaleza de un *hijo por la obediencia*, y la esa de un relativo.

Su mensaje es muy claro: la filiación como hijo, es una ELECCIÓN. Este joven tenía que tomar una decisión: ¿vivo en esta pocilga (la vida mundana) o vuelvo (espiritualmente hablando) a mis raíces para reclamar mi posición de estar de vuelta en *la presencia de mi padre*? También vemos claramente que el padre no lo regañó ni lo reprendió por irse de casa, sino que lo colmó de amor y celebró su arrepentimiento. ¿Qué tan grandioso es esto?

Sin embargo, yo sólo hablo en términos humanos según mi entendimiento, no de cómo será en la eternidad, pero sí sé que nada de lo que está escrito en Su Palabra, es sólo por una apariencia, sino que tiene una *razón y un propósito* de ser escrita.

La Palabra y Su Espíritu

Entonces, según Su Palabra citada arriba, si yo he _nacido de nuevo_, no de una simiente corruptible (nuestra carne), sino de una incorruptible por medio de la Palabra de Dios, ¿existe algún otro argumento en contra de la importancia de _tener un conocimiento profundo_ de la Palabra de Dios, o de que en no tener _comunión_ con el Espíritu Santo es algo que se puede ignorar abiertamente, sin ninguna consecuencia por hacer esto?

O, en realidad, ¿que al no _obedecer_ la verdad (de la Palabra de Dios) por medio del Espíritu, nos llevará de alguna manera a _nacer de nuevo por ósmosis dentro de una iglesia_, o que, sin permanecer en comunión con Él por medio de la Palabra y Su Espíritu, no habrá ramificaciones? Dada toda la evidencia bíblica presentada hasta ahora, yo ciertamente no lo creo. Pero esto es algo que solo usted pueden juzgar.

Solo Él nos Regenera

Así que aquí tenemos una prueba evidente para que cualquier cristiano sepa y discierna, con confianza, si él o ella ha nacido de nuevo, pero solo tú y Él pueden juzgar esto. Es tan simple a cómo usar Su Palabra como _Su Libro de Texto_ para Sus clases de enseñanza con Su único Profesor designado por Él a ser _tu único maestro_, no por _pensamientos_ casuales, _opiniones_, y _creencias_ de hombres en un domingo cualquiera (1 Corintios 2:14 y 3:19— véase Jeremías 17:5 por las _consecuencias_ de no seguir Sus consejos y mandamientos).

Él hará el trabajo espiritual pesado, como en Génesis 1: "Dios dijo"—y Su Espíritu lo hizo—mostrando el Cómo—el _creer, confiar, y obedecer_ Su Palabra, no las voces religiosas, nos muestra el Cuándo.

La salvación es nuestra plataforma divina de lanzamiento al nivel de la noción y percepción espiritual para buscar y _alcanzar_ nuestro _nuevo nacimiento_, que transforma nuestra vida diaria, con el propósito y la utilidad de _prepararnos_ para nuestra futura vida eterna (Filipenses 2:12; Romanos 6:22; Colosenses 3:23). Esta es _la estructura, el orden y la composición_ del Plan de Redención de Dios para cada uno de sus hijos, cual se _culmina_ por el nuevo nacimiento, que es _distinto_ del don de la salvación.

Sin diligencia, _no hay_ recompensa—esta es la _graduación_ de Su plan de estudios para poder recibir nuestra herencia como Su sacerdote (Números 18:20; Deuteronomio 18:12; Oseas 4:6; Apocalipsis 22:12-15).

Nuestra Herencia es Ganada

Las religiones actuales difunden un espejismo—programado por "teólogos" que carecen de un conocimiento y de fundamento bíblicos. Sin embargo, las Escrituras revelan claramente la meta de Dios para cada uno de nosotros—un sacerdocio mediante el conocimiento de la Palabra guiado por el Espíritu y vivido (_demostrado_) en nuestra acciones y decisiones en nuestra vida diaria, y en nuestra relación con nuestro prójimo. Para la mente religiosa, esto es demasiado fantástico para comprenderlo y significa poco—pero para aquellos cual lo perciben, es un baluarte en tu vida cristiana, es una plataforma para contender con los gigantes bíblicos descritos en el Viejo Testamento a como también a lo largo de la historia del cristianismo. El sistema religioso carece del _poder y la autoridad_ del Espíritu—sólo la comunión personal con Él nos entrega este Poder personal.

COMPROBADO BÍBLICAMENTE

Ahora que ya hemos leído y comprobado bíblicamente que la herencia de este reino _no es_ una parte integral de nuestra salvación, a como se ilustra en el Apocalipsis 22:12-15 en Sus propias Palabras, se requiere, sin embargo, que Su Espíritu revele lo que ha sido cuidadosamente entretejido, y descrito, a lo largo de Su Palabra sobre _cómo nosotros lo podemos_ de recibir.

No obstante, para aquellos que no estén satisfechos con la versión del cristianismo que se practica hoy en día, esta información, conocimiento, y comprensión, pueden convertirse en un nuevo punto de partida para una experiencia asombrosa con nuestro Salvador. Sé que todo esto puede parecer increíble, e incluso descabellado, pero a como se mencionó antes, estas experiencias _no se puede describir con palabras_, sino que con solo la experimentación de ella en nuestra vida cotidiana.

ES NUESTRA RESPONSABILIDAD

TEN CUIDADO A QUIÉN ESCUCHAS

En Marcos 4:24, Él nos asigna la responsabilidad a nosotros mismos acerca de qué, y a quién, debemos de escuchar, y pone este encargo directamente sobre nuestros hombros, y no sobre de otros incluyendo tu religión y sus líderes, sin importar quiénes sean:

> "Entonces les dijo: 'Presten atención a lo _que oyen_.
> Con la _medida_ con que ustedes midan [es decir,
> según el grado en que estudien la verdad espiritual y

en la *aplicación* de la *sabiduría* divina] se les medirá [y se les *dará aún* una mayor capacidad], y se les dará, además, *más* [conocimiento y sabiduría']".

La jerarquía no destacará este camino (Juan 14:6)—porque amenaza el *control y poder* (Juan 11:48) sobre el rebaño. La naturaleza humana siempre resiste la disrupción del orden humano ¿Por qué es esto vital a entender? Lo explicaré con analogías, traduciendo las verdades espirituales en palabras. Así que, permítanme apartarme del camino que hemos recorrido hasta aquí, y explicar a aquellos quién optarán a actuar basándose en esta información porqué, es no solo importante a saberlo, pero también de comprenderlo.

UNIDAD CON ÉL

Este proceso de ser Uno con Él lo explica el Señor en Juan 17:22-23:

> "Yo les he *dado* (a cada discípulo) *la gloria y el honor* que Tú me diste, para que [ellos] *puedan ser uno*, así como nosotros somos uno; yo en ellos, y Tú en Mí, para que *puedan ser perfeccionados y completados en unidad*, para que el mundo conozca [sin ninguna duda] que Tú me enviaste, y [que] los has amado a ellos, como Tú me has amado a Mí".

Esto se confirma en Efesios 4:4:

> "Hay [solo] *un cuerpo* [de discípulos] y un *solo un Espíritu*, así como fuisteis llamados a una

misma esperanza cuando fuisteis escogidos [a la salvación]".

Y en 1 Corintios 6:17:

"Pero el que está unido y enlazado al Señor, es *un solo espíritu* con Él".

Ahora bien, manteniendo la perspectiva de Dios de que seamos UNO con Él, no pasemos por alto la verdad de que la expresión "para *puedan* ser uno y *puedan* ser perfeccionados", mencionada en Juan 17:22 arriba, indica claramente que este *estado de ser* Uno, es *nuestra elección*, no la Suya—como en "yo puedo decidir a ser *obediente o no*". El hecho de que ahora tengamos miles de grupos religiosos y denominaciones de todo tipo, estilo, y sabor, nos indica que es esta última decisión, es la que prevalece hoy, y no la primera.

MOTIVOS IMPORTAN

Por lo tanto, se puede decir que, cuando se trata de andar con su Espíritu, todo se reduce a nuestras motivaciones, y a los beneficios que *percibimos* de recibir en seguir a la religión del hombre, en comparación con los que provienen de Dios en seguir Su Espíritu (Salmos 103:2 y 116:12).

Ese es el peligro que enfrentan muchos cristianos que eligen de *ser uno* con su religión que han elegido, en lugar de una con Su Espíritu. Por alguna razón, estas personas sinceras no lo comprenden, o no lo entienden en absoluto, debido a enseñanzas religiosas erróneas donde, una vez salvos, la expectativa de la religión que nosotros debemos de añadir a nuestra salvación, pero, de parte de Dios, es que nosotros no tenemos *nada que* aumentar a Su salvación (Fil. 2:12; 1 Timoteo 5:18; 2 Timoteo 3:17), pero si, a laborar duro y a pagar mucho en "diezmos," como un "fruto" de la salvación es vendido al cristiano mal informados cuales siguen la voluntad de ellos, no la del Señor. El hecho de que la salvación *solo nos salva de <u>la ira</u>* que vendrá al final de los tiempos es perdida en la cacofonía de falsas enseñanzas y doctrinas en todo el mundo religioso.

TRABAJE POR EL PAQUETE COMPLETO

Así que, en lugar de esforzarte por recibir la salvación religiosa que es fácil de seguir, y sin la necesidad de acercarte Dios en compañerismo, cual siempre terminará en un callejón sin salida espiritual. Entonces, ¿porque no eliges a trabajar por el paquete completo de salvación, que *<u>incluye una herencia</u>*, para poder cumplir Efesios 3:16-19 en tu propia vida individual? En hacer esto, Él entonces:

> "Les conceda, de las riquezas de Su gloria, ser fortalecidos y energizados *espiritualmente con <u>el poder de su Espíritu en tu ser interior</u>*, [que mora en su ser y personalidad más íntimos], para que Cristo *<u>habite</u>* en sus corazones por la fe. Y que, habiendo sido [profundamente] arraigados y [firmemente] cimentados en amor, sean plenamente *<u>capaces de comprender</u>* con todos los santos (el pueblo de Dios) la anchura, la longitud, la altura y la profundidad de su amor [experimentando plenamente ese amor asombroso e infinito]; y [que lleguen a] conocer [prácticamente, a través de la *<u>experiencia personal</u>*] el amor de Cristo que *<u>sobrepasa</u>* [*el mero*] conocimiento [sin experiencia], para que sean llenos [de todo su

ser] hasta la plenitud de Dios [para que tengan la experiencia más rica de la *presencia de Dios* en sus vidas, completamente llenos e inundados de Dios mismo]".

(Nada de esto es posible a través de *la religión*).

LA LECCIÓN EN LA HISTORIA DE SAÚL

Por lo tanto, si descuidamos en andar con Su Espíritu, no somos diferentes del rey Saúl, quien fue elegido soberano de Israel, pero *desconocía Su Ley*, donde su llamado como rey, le exigía a conocer Su Palabra para *no violar* los mandamientos de Dios, como le explicó el profeta Samuel en 1 Samuel 15:22:

"¿Se complace el Señor tanto en los holocaustos y sacrificios como en la *obediencia* a la voz del Señor (escrita hoy en nuestras Biblias)? Ciertamente, *obedecer es mejor* que los sacrificios, y prestar atención (a Su Palabra), que la grosura de los carneros".

Recordemos también que Dios trató a Saúl de la misma manera que a David porque:

"Entonces sucedió que cuando Saúl se apartó de Samuel, Dios *cambió su corazón* (tal como lo hizo con David)" (1 Samuel 10:9).

Hoy, Él ya nos ha dicho, a sus santos, cuál debe ser nuestro *único motivo* para servirle y obedecerle a Él, en Juan 14:15:

"Si *realmente* me aman, *guardarán y obedecerán* mis mandamientos (no las de tu religión, o denominación con sus reglas humanas)".

Esta declaración de nuestro Señor es solo para recordarnos cuál es nuestro propio indicador y criterio para _medir_ nuestro amor por Él, el cual se determina por el nivel de nuestra _obediencia_ en nuestra vida diaria. Esto no pretende reprendernos, sino animarnos con su propio amor por nosotros, que, para mí, aún es difícil de comprender donde, ¿cómo un Dios tan formidable, magnífico y bello, puede tener tanto amor por la humanidad?

El Desvío del Cristianismo

¿Cómo se desvió tanto el cristianismo en los últimos 1800 años? El primer paso fue que una religión artificial, sustituyó la adoración espiritual que Él describió a la mujer samaritana (Juan 4:23-25; 1 Corintios 2:13; 2 Corintios 1:12). Intencionalmente o no, no importa, porque si estos hombres hubieran estado andando con el Espíritu, este desvío nunca habría ocurrido.

Una vez que estos agentes religiosos _usurparon_ la función docente del Espíritu (Juan 14:26; y en 16:13)—según lo ordenado por Dios—la mayoría de las enseñanzas de la iglesia se convirtieron en la palabra humana, no Su Palabra, ya que en su colectividad predican opiniones, suposiciones, y creencias personales, cual produjo la división porque esta religión no procedió de Su Espíritu.

La prueba está en el pudín—lo único que hicieron fue producir mediocridad, error, y el autoengaño mientras quemaban vivos en hogueras, a los verdaderos cristianos. Las ovejas creen que con credos, doctrinas humanas y obras muertas (Hebreos 6:1; y en 9:14) _heredarán el Reino_, pero en realidad, solo han perdido el premio que ellos creen de tener (Filipenses 3:14; Colosenses 2:18).

Ruego que mis lectores profundicen en todas estas Escrituras—la verdad les espera. Es realmente lamentable que las ovejas hayan caído en este error, sin reservas, y se hayan sometido a este sutil engaño que las ha mantenido ignorantes, e ingenuas respecto a la Verdad de Dios, a pesar de la advertencia que se encuentra en 2 Corintios 2:11:

"No dejes que Satanás se *aproveche de nosotros*, pues no ignoramos sus maquinaciones".

PASTORES SE EXTRALIMITARON

El resultado religioso general de estas religiones ambiciosas ha sido, en el mejor de los casos, una educación bíblica mediocre para las ovejas, y en el peor, un desastre, según su historia de los últimos 18 siglos. Solo podemos orar por aquellos que tienen una mente religiosa cerrada, ojos espirituales ciegos, y oídos sordos. Espero animarlos a escudriñar estas escrituras; mucho de lo que escuchan en las iglesias *no es* la Palabra de Dios.

La aprobación tácita de las ovejas es lo que permitió a estos agentes de la religión presumir de ser los "maestros" autorizados del rebaño, en contra de Sus instrucciones en Juan 14:26 y en 16:13.

El hecho es que ellos no temieron en asumir el rol de teólogos como que, si ellos fueron ordenados, o autorizados por Dios, a reemplazar Su Espíritu (si lo hacen con malicia o no, es totalmente irrelevante).

CAPÍTULO SIETE

Entrar en el Reino es Nuestra Recompensa

Un Premio, No un Regalo

Al igual que en los días de Jesús, si _uno desea_ a averiguar _qué o quién_ es la Verdad entera por sí mismo, y no por las ideas, conjeturas, u opiniones de otros, uno debe de abandonar _todo y cada tipo de ideas religiosas_ preconcebidas, reflexionadas, y premeditadas de cualquier ser humano que se han sido enseñadas, taladradas, e inculcadas en el conocimiento de la gente que van a iglesias, universidades, o en cualquier o en cualquier tipo de medio, como libros, películas, o de los llamados "expertos"—los cuales enseñan sin ninguna autoridad bíblica creíble, o cualquier _base espiritual, más allá de cualquier duda razonable_ con la arrogancia de presumir a "conocer" los pensamientos de Dios (vea 1 Corintios 2:11 y 2:13), para que cualquiera que los oyen, lo acepten y consideren a ellos como representantes o portavoces del Dios que formo, este universo visible.

En el contexto de comprender que Dios tuvo que transmutarse a como uno de nosotros, lo cual quedó demostrado sin lugar a duda por la encarnación de Jesucristo, debemos tomar en serio Su Palabra en Juan 14:26, 15:26, y en 16:13. Una vez que comprendemos _claramente_ lo que el Autor de la Palabra le dijo a la mujer samaritana, y _a nosotros hoy_, en Juan 4:21-24, y específicamente en el versículo 24:

> "Dios _es Espíritu_ [la Fuente de vida, aunque invisible para la humanidad], y quienes le adoran DEBEN (Aquí no hay "si, pero, ni cuándo") a _adorar en espíritu y en verdad_".

Estas palabras por sí solas, alertarían a cualquier persona con un mínimo de sentido común y lógica, de que _toda Palabra de Dios tiene una raíz, fuente, y un significado espiritual_ que _excluye e incapacita_, a _cualquier ser humano_ para _descifrarla y explicarla_ a otros, con la _excepción_ del Espíritu de Dios, su Autor (ver 1 Corintios 2:11 y 2:13),—coma, y período, fin de la discusión.

¿Se Puede Escuchar a Él a Través de Otros?

La respuesta corta es sí, pero solo _a través del filtro del Espíritu Santo de Dios_. No hay ninguna razón porque alguien no pueda discutir, razonar, y analizar Su Palabra con otros. La razón es que, en este tipo de diálogo, se confirmará la _naturaleza sobrenatural_ de las Escrituras, ya que, en este contexto, no habrá _ninguna división_, pues solo hay un Maestro, y un solo Libro de texto. Dios tiene la libertad de enviarte a cualquier otra persona a tu camino, si Él encuentra una brecha en tu comprensión y conocimiento que otros han recibido de Él.

Así es exactamente a como Él lo _diseñó_, y la _razón_ de porque, Él dio su Espíritu a _cada uno_ de aquellos que respondieron a Su llamado. Este es el mensaje de Efesios. 4:1-6:

"Así que yo, prisionero del Señor, les ruego que vivan una vida _digna del llamamiento_ al que han sido llamados [es decir, que vivan una vida que demuestre un carácter piadoso, valentía moral, integridad personal y una conducta madura, una vida que exprese gratitud a Dios por su salvación], con toda humildad [renunciando a la autojustificación] y mansedumbre [manteniendo el autocontrol], con paciencia, _soportándose unos a otros con amor_ [desinteresado] (Juan 13:34-35 y en 15:12-17, entre muchos otros). Esfuércense por mantener la _unidad del Espíritu_ en el vínculo de la paz [cada individuo colabora para que todos prosperen]. Hay [solo] _un cuerpo y un Espíritu_—así como fueron llamados a una misma esperanza cuando fueron llamados [a la salvación]—_un Señor, una fe, un bautismo, un Dios y Padre_ de todos nosotros, que es [soberano] sobre todos [trabajando] a través de todos y [viviendo] en TODOS".

Considerando los miles de religiones aprovechadas que existen, ¿empieza a tener un sentido ahora, de _porque_ existe _solo UN Espíritu_ para enseñar a TODOS los llamados?

Si esto no es así, entonces te perdiste a entender el punto, y el sentido _de toda la historia del Antiguo Testamento_ sobre la separación de Abraham por parte de Dios, _del resto del mundo pagano_.

NUESTRO TEMPLO DE ADORACIÓN ES NUESTRO CUERPO

Pero aún más importante para los cristianos de hoy, es el flagrante _rechazo_ de Juan 4:21:

"Jesús le respondió: 'Mujer, créeme, la hora viene [cuando venga el reino de Dios (es decir, cuando el Espíritu venga a morar en nosotros)] y *ya está aquí*, cuando, ni *en este monte* ni *en Jerusalén* adoraras al Padre'."

Es decir, en el lenguaje común de hoy—mujer, tu *no adorarás* a Dios ni en tu Iglesia de Samaria, ni tampoco en la Iglesia de Jerusalén—o en nuestro caso, ni en la iglesia católica, protestante, mormona, bautista, etc., etc., hasta hartarse.

¿Por qué es esto así—donde el cristiano ya no pueden escuchar lo que Jesús *realmente nos está diciendo* en su Palabra fuera de la guía de su Espíritu? Sí, es tan obvio que desafía toda explicación.

La Supremacía de Su Espíritu

Al comenzar a evaluar plenamente el verdadero orden y el panorama del plan de Dios para cada uno de nosotros, se desplegará, y explicará, la *necesidad* de tener a Su Espíritu como nuestro *único* Maestro, Guía, Revelador (Juan 16:13), Ayudador, Consolador, nuestro Abogado, Intercesor, Consejero, Fortalecedor y el Amparo (Juan 14:26), algo que *eclipsa cualquier cosa*, que cualquiera religión pueda ofrecer a cualquiera que verdaderamente, desee a *conocer personalmente* La Verdad encarnada en nuestro Señor Jesucristo. Y, como vamos a descubrir ahora, ¿qué tan importante es en saber todo esto por cada persona que respondió al llamado de la salvación?

¿CIUDADANÍA O SACERDOCIO?

SU RECOMPENSA POR NUESTRAS OBRAS FIELES

Permítanme concluir este discurso ofreciéndoles algo para reflexionar y considerar sobre el peso, y las implicaciones del pasaje de Apocalipsis 22:12-15. Estúdienlo por sí mismos en lugar *de limitarse* a lo que han *escuchado a través de su religión* y de otros luminarios bíblicos. He hecho referencia a este pasaje de Apocalipsis varias veces a lo largo de esta discusión. Así pues, permítanme exponer su convincente razonamiento bíblico, su justificación y confirmación—la base y el discernimiento que sustentan las Palabras de nuestro Señor en este capítulo final del libro de Apocalipsis.

Pero antes de hacerlo, debemos repasar lo que Él nos revela sobre el proceso de *nuestro propio veredicto* acerca de *nuestras obras* (trabajos) en el Juicio de Cristo (2 Corintios 5:10; 1 Pedro 4:17), y se encuentra en 1 Corintios 3:1-15:

> "Pero cada uno debe tener <u>CUIDADO</u> al construir sobre ella (TU propio *fundamento* espiritual, *singular*, no plural porque se aplica *individualmente*, no a tu iglesia), porque *nadie* puede poner otro fundamento (ni tu religión, ni tu pastor) que el que ya está puesto, que *es Jesucristo*. Pero si alguien construye sobre el cimiento con oro, plata, piedras preciosas, madera, heno, paja, la obra de *cada uno* se mostrará claramente; porque el día del juicio la revelará, pues será revelada con fuego, y el fuego probará *la calidad*, el *carácter*, y el *valor* de la OBRA de cada persona (*tu trabajo*, no tu fe). Si la obra de alguien que

ha construido [sobre este cimiento, es decir, cualquier resultado de *su esfuerzo*] permanece [y sobrevive a esta prueba], recibirá una RECOMPENSA. Pero si la obra de alguien se quema [por la prueba], SUFRIRÁ LA PÉRDIDA [de su *recompensa*]; sin embargo, él mismo SERÁ SALVO, pero solo como [alguien que *apenas ha escapado*] a través del fuego".

(Véase 1 Cor. 3:8; Col. 3:24 [que revela que es nuestra recompensa], y cómo podemos perderla en 1 Cor. 6:9; y en Gál. 5:21; y 2 Juan 1:8). Este versículo trata sobre el Tribunal de Jesús (2 Corintios 5:10; 1 Pedro 4:17; 1 Juan 4:17). En este pasaje de Apocalipsis 22:12-15, nuestro Señor Jesús explica *quiénes edificaron bien* sobre su fundamento con oro, plata y piedras preciosas, *y quiénes no*.

"He aquí, Yo (Jesús) vengo pronto, y *Mi recompensa* está conmigo (lea Isaías 40:10; y en 62:11), para dar a cada uno según el mérito de sus obras (nuestros esfuerzos terrenales, nuestras obras y fidelidad en *respuesta* a la obediencia de Su Palabra). Yo soy el Alfa y la Omega, el Primero y el Último, el Principio y el Fin [el Eterno]. Bienaventurados (felices, prósperos, dignos de admiración) los que *lavan sus vestiduras* (a como en 1 Juan 1:9) [en la sangre de Cristo al *creer y confiar* en Él: los justos que CUMPLEN sus *mandamientos*], para que *puedan* tener el *derecho* al árbol de la vida y *entrar* por los portones de la ciudad".

Estas palabras son las suyas, *no mías*, aquí cual prueba definitiva de que nosotros *debemos de ganar* el **derecho** a *acceder al Árbol de la Vida* a *través* **de nuestra** *entrada* **por los Portones de la Nueva**

Jerusalén. Uno debe _ganarse un derecho_ de obtener un privilegio, en lugar de recibirlo como un regalo que es gratis. Sin embargo, para poder hacer esto, debemos de tener una _autoridad de entrar_ a la Ciudad a como es definido abajo.

ENTRAR AL REINO ES NUESTRA RECOMPENSA

El significado griego de todas estas palabras no deja lugar a ninguna duda sobre la necesidad de ganarnos nuestra herencia.

"_Tener_" (en griego: "_serán_") y, "_derecho a_" (en griego: "_autoridad Royal, corona_") señalan nuestra herencia futura [nuestra recompensa sacerdotal] ganada _en esta vida_, por nuestras obras a través de la Vid y no de trabajos religiosos en la carne (Juan 15:4-5) no en la vida venidera (1 Corintios 3:14; Filipenses 2:12).

Este pasaje de Apocalipsis 22:12-15 vincula la palabra "_derecho_" (en griego: (_exousia_), _una autoridad Royal_) cual nos _permite y nos concede_, el _acceso_ al Árbol, y a la Ciudad: cual es nuestra herencia sacerdotal, **_ganada_**, no **_regalada_**. "_Entrar_" (Juan 1:12; Romanos 8:13-14) se relaciona con _obras_, no por medio del don de la salvación, ni son _vinculadas con tener fe_.

El diccionario Merriam Webster define el término "_derecho a_", como algo donde alguien tiene el _derecho_ a, o a "algo que alguien tiene _un derecho legítimo_", o como "algo que se puede _recibir debidamente_, o como algo _debido_ a alguien".

No hace falta argumentar que _ninguna de estas definiciones_ se aplica en absoluto al don gratuito de la salvación de Dios, que, de nuevo, se declara en todos los libros del Nuevo Testamento como ser _totalmente gratuito_. Por lo tanto, nuestra herencia _no es gratuita como la salvación_, y Su Palabra la vincula con esas obras enumerada en 1 Corintios 3:1-15 que _califica a uno_ para recibir una recompensa, de acuerdo con el material que _uno elige, no Él_, a construir **sobre su propio fundamento** (Mateo 7:24-25), ya sea oro y plata, paja, heno o madera, donde esa es _nuestra decisión_, no la Suya.

NUESTRAS OBRAS NOS SIGUEN

¿Podemos encontrar un segundo pasaje bíblico que confirme que nuestra herencia _es ganada_, no un regalo gratuito? Sí, y está claramente relacionado con el tema que estamos tratando aquí, en Apocalipsis 14:13:

> "Entonces oí [las palabras claras de] una voz del cielo que decía: 'Escribe: Bienaventurados (felices, prósperos, dignos de admiración) los muertos que mueren en el Señor de ahora en adelante. Sí, [bienaventurados en verdad], dice el Espíritu, para que descansen y tengan alivio de sus trabajos, _porque sus obras_ [obras, cosas realizadas] _los "siguen"_.

EXPULSADOS DE SU PRESENCIA, NO ECHADOS AL INFIERNO

En Mateo 8:12 podemos ver las consecuencias de _no cumplir_ con Su expectativa de _trabajar_ _sobre nuestra salvación_ (Filipenses 2:12; 2 Timothy 3:17) mientras Él estaba en el cielo. En el contexto de su idioma griego original, este pasaje adquiere un significado completamente nuevo:

> "serán _arrojados_ a las tinieblas de afuera (en griego, esta palabra puede traducirse como "oscuridad, o penumbra, _en comparación_ con la brillante luz del sol al mediodía de Su Presencia); allí [el _lugar más alejado_ del _reino_ (_no al infierno_)] habrá llanto [de

tristeza y dolor] y crujir de dientes [de angustia e ira]"

(también en Mateo 22:13; y 24:51, 25:20 y Lucas 13:28).

EL PUNTO CLAVE DE ESTA PARÁBOLA

Hagamos una pausa aquí. Tenemos a un siervo inútil que canjeó la recompensa eterna por una vida mundana y las bagatelas que este mundo ofrece, incluyendo una práctica o creencia religiosa, por así decirlo. Ahora bien, ¿les suena esta afirmación de Mateo 8:12, en *su contexto*, con la frase "*el lugar más alejado del reino*", como si alguien fuera enviado al infierno; o, insinúa la Biblia en algún lugar donde, ¿el Reino de Dios tendría el infierno en sus inmediaciones, o que va a ser parte de ella?

Yo no lo creo.

A diferencia de la parábola de la cizaña de Mateo 13:38-50, que sí, serán quemadas en el infierno—Mateo 8:12 describe a alguien cuyas obras fueron quemadas, como se describe en 1 Corintios 3:1-15, y su llanto [de tristeza y dolor] y crujir de dientes [de angustia e ira] es la reacción de una *persona salva*, al darse cuenta de que uno *solo tiene esta vida* para ganar la recompensa que esta con Él. Esta reacción como una de "llorar [de tristeza y dolor] y rechinar de dientes [de angustia y enojo]" dice mucho acerca de que asombrosa debe de ser esta recompensa.

CRISTO JESÚS NO OFUSCA NI MIENTE

Si permitimos que este pasaje de Apocalipsis 22:12-15 ingrese en nuestro conocimiento y conciencia, y que le penetre profundamente en nuestro corazón para abrir nuestros ojos espirituales. Con el contexto presentado aquí, no podemos aceptar *ninguna*

otra explicación sobre lo que Él nos dice, y está revelando en este pasaje de Apocalipsis 22:12-15. Él nos dice claramente que las recompensas que Él trae consigo (Isaías 40:10; y en 62:11; Hebreos 11:6) se basan estrictamente en las obras que realizamos por *nuestro amor* por Él y no como una obligación a como es presentada en cada religión que yo practique. Esto también se detalla con claridad en 1 Corintios 3:1-15. ¿Está Jesús mintiendo en Apocalipsis 22:12-15, o nos dice allí que la recompensa de la herencia de Dios es *gratuita*, como nuestra redención? ¡Claro que no! Su lenguaje es claro y conciso, *diferenciando* nuestra recompensa, a esa de *Su Gracia*. La Biblia se explica por sí sola, ¿no es así?

Con Ojos Bien Abiertos

Además, dado que las palabras de Jesús en este pasaje de Apocalipsis *no son* una tergiversación, ni una mentira, Él nos afirma claramente que las recompensas que Él nos trae consigo (Isaías 40:10 y 62:11; Hebreos 11:6) son debidas, y pagaderas, a *cualquier santo* por sus obras.

No puedo dejar de enfatizar este hecho para contrarrestar el engaño de las enseñanzas que las religiones "cristianas", que la entrada al Reino es parte de nuestra salvación—que han infligidas a las ovejas que han asistidos a estas iglesias durante siglos.

La Fuente del Llanto del Siervo Perezoso

Si descuidamos Su llamado a ser sus sacerdotes (léase Éxodo 19:6; Oseas 4:6 y otros), y evitamos de edificar sobre Su fundamento de *Roca* (Mateo 7:24-27) nuestra casa espiritual, entonces el llanto y el crujir de dientes es el resultado natural de una gran pérdida, no el infierno—la lógica concuerda. Nuestras decisiones tienen peso y consecuencias eternas. Dado que la evidencia bíblica indica que, sin duda, nuestras obras determinan nuestra herencia, ¿cómo se supone que debemos responder a esta revelación si no la vemos, ni la entendemos, y aun así elegimos descuidar dichas obras?

¿Es el amar a nuestro Dios, después del gran sacrificio que Él realizó, no nosotros, y amar al prójimo como a nosotros mismos, es una carga tan pesada para nosotros? ¡Creo que no!

Uno de los muchos obstáculos para el feligrés promedio, es de no ser capaz de comprender la divergencia entre los dos fundamentos sobre los que nosotros *debemos de construir*, y el otro es que, el resultado de cualquier decisión que tomemos recae completamente sobre nuestros hombros.

Por eso Él nos dice—desde *Mateo hasta Lucas*, que "*va a haber* llanto [de tristeza y dolor] y crujir de dientes [de angustia e ira]". La lógica simple nos dice que este tipo de respuesta solo puede apuntar a alguien que ha sufrido una *gran pérdida*, no a alguien que es enviado al infierno, ¿no crees?

ELECCIÓN SACERDOTAL

Un último punto, y yo solo puedo esperar que cada lector reflexione sobre su importancia porque habrá consecuencias eternas, una vez más, sobre esta decisión personal, ¿En cuál fundamento vas tu a construir la propia casa espiritual, en la religión, o en la Roca de Cristo? (Mateo 7:24-27).

¿Suena repetitivo? Más vale que sí, pues es crucial a decidir e importante a saberlo. A diferencia de los levitas, quienes estaban *destinados* a servir en el desierto por su linaje, nosotros tenemos la *elección de elegir*, por nosotros mismos, *en cual lado* de la Jerusalén Celestial vamos a vivir por nuestra eternidad (Apocalipsis 22:12-

15)—¿solo como salvos fuera de ella, o como Su sacerdote *dentro* de ella (Éxodo 19:6; Oseas 4:6)?

Dios deja esta decisión *completamente en nuestras manos*—es tiempo de orar y buscar la confirmación escrita en Su Palabra. Él no *forzará* a nadie de hacer esto, ni lo condenará al infierno a nadie, en no desear o trabajar (Filipenses 2:12; 1 Timoteo 5:18) por no *esforzarse, ni trabajar* para obtener este santo cargo—Él, como cualquier padre a un hijo, simplemente ofrece lo mejor que Él tiene para sus hijos como recompensa (1 Corintios 2:9) por ser *obedientes* (Juan 13:34-35; y en 14:15).

Una Desconexión Entre Parábolas

Dios *nunca obligará* a ninguno de sus hijos a hacer algo que ellos *no pueden*, o quizás *no lo quieren hacer*—Sus relaciones con Israel a lo largo de la historia demuestra esta verdad—ni condenará a nadie por elegir de hacer otras cosas según sus deseos. Solo se trata de decidir que, si *vale la pena de perseguir*. Su recompensa, una vez que vienes a *conocer y de entender* lo que está en juego aquí, *en esta vida*, no en la vida a lo largo de nuestra eternidad.

Además, otro tema cual se debe a deliberar, y reflexionar, es que si—y es un ancho SI—nuestra *salvación y el entrar* en el Reino de Dios son lo mismo, *pero no lo es*, porque la evidencia bíblica mostrada hasta ahora niega y rechaza esta conclusión. Así que, demostrémoslo y hagamos solo una pregunta sencilla—¿cómo es que nuestro Señor, en cada parábola sobre la naturaleza del Reino de Dios, Él *nunca* lo relacionó o lo atañó a ser igual que la salvación—por qué? Esto no es difícil entenderlo por la sencilla razón de que, en *cada parábola* acerca del reino, siempre es insinuado de que, el vivir y estar en este reino, se puede *comprar* (como la necesidad de *vender todo* para procurarse la tierra con el tesoro, o la de obtener la perla de gran precio, etc.). Dado que nosotros no podemos comprar la salvación porque es *gratuita*, es lógico pensar entonces que entrar al Reino de los Cielos nos *costará algo de valor*. Punto y coma, fin de la historia.

LO QUE LA RELIGIÓN OFRECE A LOS MAL INFORMADOS

Sin embargo, la religión implica el "sacrificio" de asistir a la iglesia un par de veces por semana, vivir una vida ocupada, y dedicadas a las obras religiosas muertas (Hebreos 6:1; 9:14; Santiago 2:17; 2:26), una rutina diaria promedio que se *adapta* a este mundo que, por lo general, *excluye* la comunión y un compañerismo constante con Dios las 24 horas del día, los 7 días de la semana, más en todo lo que *uno hace*, *piensa*, y *decide* de hacer. Yo ya conocí esta vida porque yo la viví. ¿Y que, en adaptarse con esta clase de vida cristiana tan mediocre, uno *no* calificará, de ninguna manera y, uno puede pensar que, de cualquier modo, alguien recibirá una herencia? No, piense bien en esto, porque en creer que sí, se puede, a pesar de lo que dice su Palabra, es *irracional*.

EL PROPÓSITO DE LAS ESCRITURAS

Si en practicar cualquier religión con cualquier versión de Jesús que ellos enseñan, *basta para desarrollar* nuestra salvación, ¿por qué entonces, el Nuevo Testamento nos advierte (Romanos 15:4; 1 Corintios 10:6 y versículo 11) que el Antiguo Testamento fue *escrito para nosotros*, no por una religión o denominación como ejemplos y advertencias para evitar los mismos errores que cometió Israel en el pasado? Y si esto no es creíble ni realista, dada la evidencia presentada hasta ahora, entonces, por favor, piensen en todos esos judíos religiosos de los evangelios que *eligieron escuchar* a los rabinos y escribas, en lugar de a Jesús, a pesar de la evidencia que Jesús les presentaba (y a nosotros hoy en su Palabra).

Les demostró a ellos con las obras que Él realizó (Juan 10:37-38 y 14:10-11) *quien* Él era, en efecto, el verdadero Mesías y el autor de la Ley de Dios, a través de Moisés, tal como lo habían predicho los profetas.

Desafortunadamente, los cristianos de hoy, sin siquiera *saber o darse cuenta*, están cometiendo los *mismos errores*, por la *incredulidad*, tan fácilmente como lo hicieron aquellos judíos que perecieron en ese desolado desierto del Sinaí, y de la misma manera, por los fariseos y los saduceos y, por lo que puedo ver, también por los cristianos de hoy en día.

EL PECADO REDEFINIDO

Hablemos ahora de uno de los errores más insultantes presentes en todo el cristianismo en hoy, como la creencia en círculos religiosos de que nombran *categorías* de "pecados", como beber alcohol, mentir, o robar, etc.—clasificándolas a ellas según sus sensibilidades religiosas. La Palabra define el pecado, tanto en hebreo como en griego, como *una* ofensa a las normas de Dios. ¿Y cuál es Su norma, *a diferencia* del Antiguo Testamento, para los santos del Nuevo Testamento? Hay SOLO UNO, Él mismo nos dice en Marcos 3:28:

> "Les aseguro y de la manera más solemne les digo: TODOS los pecados serán perdonados a los hijos de los hombres, y *todas* las cosas abusivas y blasfemas que digan; pero cualquiera que blasfeme contra el Espíritu Santo y su Poder no tendrá *jamás perdón*, sino que será reo de UN pecado eterno (singular,

no plural) [un pecado que es imperdonable tanto en
esta era, a como también en la venidera]".

Él Padre reconcilió al mundo por Si mismo, por medio de
Cristo (2 Corintios 5:19), quitando todos los pecados de la
humanidad. Salmo 103:12, Mateo 12:31-32, junto con el versículo de Marcos mencionado anteriormente, lo confirman. Por lo
tanto, es clarísimo que, según los estándares de Dios, Él juzgará
solo UN Pecado—el rechazo de Cristo, al llamar al Espíritu Santo
un mentiroso en declarar a Jesús como el Salvador del mundo,
cual da el producto de la *incredulidad* de Su testimonio sobre
quién es, Cristo Jesús.

EL OBJETIVO DE DIOS PARA SU IGLESIA

En cuanto a nuestra herencia del Reino de Dios, pensemos en ello
desde otra perspectiva—¿cuál fue la intención final, el blanco de
Dios, por así decirlo, después de rescatar a los esclavos judíos de
Egipto? Es el *mismo* que para los santos de Su Nuevo Testamento,
y es fácil de entender. Él nos dice esto en Números 26:55:

> "Pero la tierra se repartirá por sorteo. Recibirán
> su herencia según los *nombres* de las tribus de sus
> padres ancestros tribales (para nosotros, es en el
> Nombre de Jesús)".

Alguien podría argumentar: "Esto de la herencia es cosa del
Antiguo Testamento". No tan rápido, porque entonces alguien
tiene que explicarme, Hechos 26:16-18:

> "Levántate y ponte de pie. Me he aparecido a ti para
> este propósito, para nombrarte [para servir] como

ministro y testigo [para testificar, con autoridad,] no solo de las cosas que has visto, sino también de las cosas en las que me apareceré a ti, [eligiéndote para Mí y] rescatándote del pueblo judío y de los gentiles, a quienes te envío, para abrir sus ojos [espirituales] para que se conviertan de las tinieblas a la luz y del poder de Satanás a Dios, para que reciban perdón y liberación de sus pecados, Y una HERENCIA entre _aquellos_ que (aquí está claro que _no son todos_, sino solo aquellos) han sido _santificados_ (apartados, hechos _santos_) por _la fe en Mí_ (una fe expresada por nuestra _obediencia_)."

Aquí vemos la división y la diferencia entre la _salvación_, otorgada gratuitamente por _creer_ en el evangelio, y una _herencia_, por "_la fe en Mí_", con una recompensa _por las obras_, hechas de "oro, plata y piedras preciosas, no de madera, heno ni hojarasca" (1 Corintios 3:12). La salvación es solo _el perdón de nuestros pecados_, y es _gratuita_—la _herencia_ requiere la _santificación_ por _la fe_ (no solo por _creer_) _en Jesús_ (véase Mateo 8:11 y 22:12, entre otros), así como por nuestra _obediencia_ en amor (1 Juan 4:19). Huelga decir que esta _santificación_ es necesaria _después_ de la redención, la cual precalifica a cualquiera para comenzar _a trabajar_ su salvación (Filip. 2:12), para _recibir_ Su recompensa.

La Verdad Sobre Lo Que es La Santificación

Lamento decir que la primera reacción de la mayoría de los cristianos, adoctrinados por la tradición y las doctrinas humanas, es que la "_santificación_" es lo mismo que parecer y actuar con piedad, sea lo que sea que eso signifique para ellos, y a realizar las obras aprobadas por la iglesia, así como cualquier otro deber, que la denominación o el grupo haya determinado.

En términos simples, bíblicamente, la _santificación_ significa nuestra _separación_ voluntaria de todo lo que es mundano, y _dedicarnos a hacer la voluntad de Él, en lugar de la nuestra_. Podemos ver esto en Josué 3:5, Isaías 66:17; Joel 2:16, y especialmente, Juan 17:17 y muchos otros pasajes.

Pero, siguiendo adelante, la otra conclusión obvia es que nuestra fe tiene que _ser real_—la que nos logra dar una _obediencia_ a Su Palabra—una que produce buenas obras motivadas por _nuestro amor_ a Él, porque Él nos amó primero (1 Juan 4:19). De esto es el tema que se trata en Santiago 2:19-26:

"Tú crees que Dios es uno; haces bien [en creerlo]. Los demonios también lo creen [eso], y se estremecen y se erizan [de terror reverencial, pues han visto Su ira]. Pero ¿estás dispuesto a reconocer, hombre insensato [espiritualmente superficial], que _la fe sin_ [buenas] _obras_ es inútil? ¿No fue nuestro padre Abraham [demostrado a ser] justificado por las obras [de obediencia que _expresaron_ su fe] cuando ofreció a su hijo Isaac en el altar [como sacrificio a Dios]? Ya ves que [su] fe actuaba junto con sus obras, y como resultado de las obras, _su fe se completó_ [alcanzó su madurez cuando expresó su fe mediante la _obediencia_ (a Sus Palabras)]".

Una Vida Guiada por El Espíritu

Solo por Su Espíritu

Cuando yo era un creyente recién convertido hace mucho tiempo, este tema era muy discutido entre los nuevos creyentes que acababan de aceptar a Cristo. Pero desafortunadamente, en lugar de que mis maestros me enseñaran a como ser guiado y a vivir por el Espíritu de Dios, al menos dos o tres de los pastores a los que yo, y las ovejas seguían, fueron desacreditados por mala conducta o escándalos sexuales. Así que, al parecer, todo eran palabras, pero no obras. En el libro de Zacarías, Él deja claro que _nada se logra ni se manifiesta_ a menos que sea _declarado_ por la Palabra de Dios, y después _implementado y ejecutado_ por Su Espíritu. Al nivel personal esto es cierto también para aquellos que _caminan con Él_, y como embajadores de Cristo (2 Corintios 5:20), declaramos una promesa escrita en Su Palabra. Claro esto es solo cierto _si_ nosotros estamos dispuestos a darle a Él, una mano libre a _participar_ en cada una de nuestras vidas. Dios anhela que nosotros conozcamos a Él, a través de Su Palabra y Su Espíritu; no por casualidad, sino por diseño.

> "Entonces me dijo: 'Esto [el suministro continuo de aceite] es Palabra del Señor a Zorobabel [príncipe de Judá], que dice: 'No _con ejército, ni con fuerza_, sino con mi Espíritu [de quien el aceite es símbolo]', dice el Señor de los ejércitos" (Zac. 4:6).

La Fuente de La Sabiduría

Dios, en Su infinita sabiduría (Ro. 11:33), ha revelado estas cosas en Su Palabra para que podamos comprobarlas _por nosotros mismos_, a como lo señala Prov. 25:2, pero esto solo se logra mediante Su sistema establecido de enseñanza _por_, y a _través_, de Su Espíritu. Los Salmos del Rey David son una rica fuente de consejos para vivir una vida diaria en compañía de nuestro Señor y Salvador, pero todo esto comienza con:

"El temor reverente del Señor es el principio (el pre-rrequisito, lo absolutamente esencial, el alfabeto) de la sabiduría; buen entendimiento y corazón dócil poseen _todos_ los que _hacen la voluntad_ del Señor; su alabanza perdura por siempre" (Salmo 111:10).

Promesas Cumplidas

En el Salmo 25:12-14 Él promete esto a los creyentes que confían en Su fidelidad:

"¿Quién es el hombre que teme al Señor [con reverencia y lo adora con sumisión y admiración]? Él _le enseñará_ [a través de Su Palabra y Espíritu] el camino que debe escoger. Su alma morará en prosperidad y bien, y sus descendientes heredarán la tierra. El secreto [del sabio consejo] del Señor es para _quienes le temen_, (demostrado por _la obediencia_) y Él les _hará conocer_ Su pacto y les revelará [a través de Su Palabra y Espíritu] _su significado_ [_profundo e íntimo_]" (vea Salmo 91:16).

Esta promesa _no es_ no es hecha ni diseñada para la vida que viviremos en la eternidad (1 Corintios 2:9), sino para _el aquí_, y _ahora_, si _actuamo_s conforme a Su Palabra y a nuestro llamado.

Solo Él Puede Abrir Nuestros Ojos

Hasta que aceptemos la verdad de que solo Él, y no los hombres de ninguna organización religiosa, _es el Único_ que puede abrir nuestros ojos, oídos y mente espirituales a las Escrituras (vea Salmos 146:8; Lucas 24:27 abajo)—solo entonces, Él hará por los discípulos de hoy, *lo mismo* que hizo por los dos discípulos en el camino a Emaús, como se encuentra en Lucas 24:25-27:

> "Luego, comenzando desde Moisés y siguiendo por todos los escritos de los profetas, les *explicó e interpretó* lo que se refería a Él en *todas* las Escrituras".

Solo Él—no los hombres, ni la religión—revela las Escrituras, y todo lo que necesitamos en hacer esto es confiar y creer en Su Palabra (Juan 14:26; 15:26; 16:13) y sus promesas. Fuera de esto, solo somos en cualquier iglesia como hámsteres en una jaula religiosa—nuestra escucha dominical se centra solo en la sabiduría humana, no en la sabiduría del Espíritu (1 Corintios 2:11).

CRECIMIENTO ATROFIADO

Solo el Espíritu nos salvaguarda de nuestra ignorancia de la Palabra mediante su ministerio a como también de las *consecuencias* encontradas en Oseas 4:6. En apoyarse en una religión, tradiciones, y las filosofías del hombre que atrofian el crecimiento de las ovejas—siglos de daño—donde ellos venden su primogenitura, a como lo hizo Esaú, por el guiso de lentejas religiosas de los hombres, compuesto de opiniones cual son personales, conclusiones intelectuales, y la filosofía del mundo. Lo mismo ocurre con las ovejas practicando sus religiones y aun, cuando leen la Biblia con su propio intelecto, por las mismas razones.

LAS RAÍCES DE LA INCREDULIDAD

¿Y por qué esto es así? Pues bien, los *capítulos 2, 3 y 4 de* Hebreos diagnostican este problema como la práctica de la misma INCREDULIDAD que los esclavos salvados de Egipto y eligieron a tener y ejercitar, en el desierto una vez liberados, a mantener el mismo estilo de vida egipcio. ¿Hay excepciones para los santos del Nuevo Testamento a quebrar las reglas de Dios? *Ninguna*—su Carácter, Fidelidad y Santidad se mantienen firmes (Hebreos 13:8):

> "Jesucristo es [eternamente inmutable, siempre] el
> Mismo ayer, hoy y por los siglos".

SIN EXCUSAS

Me atrevo a decir que, según mi experiencia y observaciones, los pastores, maestros y predicadores no hacen estas cosas a propósito ni por malicia, sino, como los judíos en tiempos de Jesús, solo por la *tergiversación y desinformación* religiosa, y por su amor a las tradiciones. Sin embargo, para ellos, esto no era inesperado, porque, aunque ellos conocían la Torá escrita muy bien, no tenían su Espíritu morando dentro de ellos (Juan 5:38; 6:53; 16:3), al igual que la servidumbre sirviendo en las iglesias de hoy, y, por lo tanto, para ellos, es *imposible* de poder realizar la obras que solo el Espíritu de Dios puede hacer.

En cambio, los cristianos no tenemos esta excusa de ser *ignorantes* de la Palabra de Dios, ni justificación, y *seremos responsables* ante Él (Mateo 12:36; Lucas 8:18; 1 Corín. 3:13) por esta transgresión—y no tiene ninguna relación con nuestra salvación., sino por negarnos a actuar *conforme* a nuestra elegibilidad para ser Su sacerdote (Oseas 4:6). Pero, a decir la verdad, los representantes religiosos no están dispuestos a enseñar nada acerca de esto, y posiblemente, sin estar conscientes acerca de esto, ni por las ovejas dispuestos a desafiar el sistema por respeto y miedo (Juan 9:22), por su sumisión a las normas religiosas, y el amor a las tradiciones (Mateo 6:2; Juan 12:43).

No obstante, se afirma claramente en 1 Corintios 12: 2:10-14:

"Porque *Dios* (no un hombre ni una religión) nos las ha *revelado* por **medio del Espíritu Santo**; pues el Espíritu todo lo escudriña, incluso las profundidades de Dios. ¿Quién conoce los pensamientos y las intenciones del hombre, sino el espíritu del hombre que está en él? Así también, NADIE *conoce* los pensamientos de Dios, *sino [que solo]el Espíritu de Dios*. Y nosotros *hemos* recibido, no el espíritu del mundo, *sino el Espíritu Santo* que *proviene* de Dios, para que *conozcamos y entendamos* las maravillas que Dios nos ha dado gratuitamente. Hablamos de estas cosas, no con palabras *enseñadas por sabiduría humana*, sino con las que **enseña** el Espíritu, combinando e interpretando pensamientos *espirituales* con palabras *espirituales*. Pero el hombre natural no acepta las enseñanzas y revelaciones del Espíritu de Dios, porque son locura. [absurdas e ilógicas] para él; y es *incapaz* de comprenderlas, porque se disciernen y aprecian espiritualmente, [y no está *capacitado* para juzgar asuntos espirituales]".

¿Cuánto más claro puede ser Él, para demostrar que el hombre es totalmente *incompetente e incapacitados* para *discernir* palabras y pensamientos espirituales que *solo* su Espíritu Santo puede? ¿Es de extrañar, entonces, que la gran mayoría de los cristianos se encuentren en un estado **permanente** de *infancia espiritual*?

UNA MADUREZ VERDADERA

Podemos concluir entonces que, no es difícil ver dónde radica el verdadero problema de las iglesias locales, pero, en la última instancia, NO es lo que yo, o las ovejas creen o dicen, la iglesia organizada, o el mundo en general podamos pensar sobre lo, que es, el verdadero cristianismo, sino lo que Él *ya nos ha revelado* a nosotros en Su Palabra. Yo creo que la *mayoría* de los discípulos y seguidores de nuestro Señor Jesús cuando Él vino a esta tierra, y después de la resurrección, *alcanzaron la madurez espiritual*, recibiendo *la enseñanza* de Dios mismo, a través del Espíritu de Jesús, tal como lo expresó Él en Juan capítulo 14-16. A diferencia de aquellos esclavos que salieron de Egipto, porque ellos decidieron a obedecer sus mandatos, como lo observó Pablo en 1 Corintios 2:6-7:

"Sin embargo, nosotros hablamos sabiduría entre los que han alcanzado la madurez espiritual [creyentes de corazón dócil y mayor entendimiento]; pero es una *sabiduría superior*, no la de este siglo (tan frecuente en los sermones dominicales) ni la de los gobernantes y líderes de este siglo, que van desapareciendo; sino que hablamos la sabiduría de Dios en misterio, la sabiduría que una vez estuvo oculta [al hombre, pero que ahora, es revelada por Dios (no por el hombre, sino solo a través de su Espíritu que mora en nosotros), la cual Dios predestinó antes de los siglos para nuestra gloria [para *elevarnos* a la gloria de *Su presencia*]".

MÁS ALLÁ DE MI PATRÓN

Al concluir esto, debo confesar que, cuando Él me guio a escribir sobre este tema, yo procedí a desarrollar un esquema mental de lo que yo iba a escribir, pero, una vez que comencé a escribir, Él expandió esta obra más allá del alcance de que yo *sabía* por mí mismo, y había planeado. Él con maestría, entrelazó las Escrituras en el orden preciso para para *explicar* la sencillez, la profundidad, la amplitud, y la magnitud de Su Plan de Salvación y darle su significado completo, y respaldada por la autoridad de Su Santa Palabra.

Esto, en sí mismo, ha sido un milagro para mí porque, mientras yo lo escribía, aprendí estos principios al mismo tiempo que mis lectores—yo al escribirlo—y ustedes, al leerlo por medio de Su Espíritu. Que a Él sea toda la gloria y la alabanza por su sabiduría y conocimiento para elevarnos a un nuevo nivel de comunión y convivencia diaria con Él, para que podamos ser eficaces en:

"**Destruyendo argumentos sofisticados y toda altivez y soberbia que se levanta *contra el* [*verdadero*] *conocimiento* de Dios, y llevando cautivo todo pensamiento y propósito a *la obediencia* a Cristo**" (2 Corintios 10:15).

Con Su objetivo final a:

"[Que lleguen a conocer], [prácticamente, a través de la **experiencia personal**] el amor de Cristo, que supera con creces el [*mero conocimiento mental*] [**sin la experiencia**], para que sean *llenos* [por todo vuestro ser] hasta que lleguen a la plenitud de Dios [para que tengan la *experiencia* más fecunda de la *presencia de Dios en vuestras vidas*, completamente *llenos* e inundados de *Dios mismo*]" (**Efesios 3:19**).

EPÍLOGO

HORIZONTES VARIABLES

A lo largo de este trabajo, mis límites fueron cambiados con nuevas perspectivas y revelaciones sobre el alcance del plan redentor de Dios, tal como se revela en su Palabra. A medida que avanzaba en esta composición, surgieron nuevas preguntas y posibilidades, ajenas al tema en cuestión—la última sección a continuación es un ejemplo de esto.

ALGO QUE YO NUNCA HABÍA OÍDO

Él es mi testigo de que yo no estaba entusiasmado de volver a escribir sobre temas que yo ya había escrito durante los últimos 15 años. Sin embargo, a medida que surgían nuevas perspectivas sobre su plan de salvación, tan distintivo y específicos, cuales yo nunca había escuchado ni oído, ni siendo discutidos por ningún maestro, erudito, o teólogo cristiano de buena reputación de que yo conozco, u oído por los últimos 50 años de mi vida cristiana practicante. Así que, yo tuve que seguir su tutela y a seguir el camino bíblico que Él me proporcionó, lo cual culminó en esta obra, totalmente nueva y diferente de las otras, por lo que a mí respecta, nunca he escuchado yo, a nadie con un nombre público o en una plataforma de difusión de hablar, enseñar, y ni siquiera mencionar.

A lo Largo de La Carretera Romana

Dicho esto, permítanme volver a centrarme en mi propio propósito sobre esta última obra, que podría ser mi última, a menos que Él tenga otros planes, ya que yo lo he aceptado como el Señor de mi vida. Inicialmente, pensé que esto consolidaría todo lo que yo he escrito por los últimos 15 años, pero, a como yo lo veo ahora, esta obra es solo otra faceta, entre muchas otras, de ese asombroso Diamante cual conocemos como la salvación.

Por mi parte, mi deseo es en compartir lo que Su Espíritu me ha revelado en su gracia, y compartirlo con otros a como lo expresa **Romanos 1:11-12**:

> "Quisiera compartir con ustedes algún don espiritual, para fortalecerlos y afirmarlos; es decir, para que nos animemos y confortemos mutuamente por la fe de cada uno, tanto la suya como la mía".

Su Posible Propósito

Esta nueva información sobre el alcance de Su Plan Maestro de Salvación que acaban de leer es una **obra Suya**, ya que yo no puedo atribuirme el mérito de algo que yo sé, con certeza, es algo que me resulta imposible de desarrollar, ni tampoco de concebir.

Esta nueva información aprendida aquí, se ha convertido, en esencia, en mi propia Perla de Gran Precio, y deseo que todos ustedes también la posean, pero más allá de eso, quiero que comprendan su asombrosa complejidad, y la forma en que ha sido entrelazada a lo largo de Su Palabra.

¿Pero cuál es Su propio motivo para revelar estas cosas ahora, en estos últimos días? Honestamente, no lo sé, salvo que ***todo*** lo que Él hace, tiene *una razón y un propósito*. Con la gran cantidad de pasajes bíblicos citados a lo largo de toda esta obra, solo puedo suponer que Él lo da con el propósito dicho en **Isaías 55:11**:

> "Así será Mi Palabra que sale de mi boca; no volverá a mí vacía (*inútil o sin resultado*), sin *lograr* lo que Yo deseo, y sin prosperar en el propósito para el cual la envié".

EL PATRÓN DEL TIPO DUAL

Al sumergirnos en la asombrosa narrativa de la Palabra de Dios desde el principio, en Génesis, percibimos el contraste entre todos los protagonistas de la historia de la redención—Caín y Abel, Abraham y Lot, Jacob y Esaú, Jacob y Labán, Saúl y David, y algunos otros actores secundarios a lo largo de la historia bíblica.

Así que, este contraste y paralelo también se extiende a los seguidores de nuestro Señor Jesucristo, señalando también esta *división*—tal como la diferencia entre un *discípulo y un creyente*, a como se presenta en esta obra. No es de extrañar entonces, y esto encaja perfectamente, que, a lo largo de toda la historia del plan redentor de Dios para la humanidad, esta dualidad de *compromiso y fidelidad* también esté presente en la Iglesia del Nuevo Testamento. Con esto como antecedente, podemos empezar a reconocer lecciones sutiles que emergen a lo largo de la historia bíblica, desde Génesis hasta Apocalipsis.

Una de las primeras enseñanzas, no tan clara como la de Caín y Abel, es la historia de **Génesis 13:7-11**, que describe el fin de la relación de Lot con su tío Abraham. Hay que rememorar de que *cada historia* en Su Palabra tiene una *razón y un propósito* al ser escrita para *nuestra instrucción y advertencia*, (**Romanos 15:4**; **1 Corín. 10:11**;) tal como se estableció al comienzo de esta obra.

ES TODO O NADA

Lot, claramente más cercano a su tío que a su propio padre, parece no haber comprendido la clase de relación de su tío con este Dios a lo largo de los años que pasó con él—un Dios personal, muy diferente de los ídolos que su familia adoraba en Canaán (**Josué 24:1-2**; **Ezequiel 16:2-4**). Y, aun así, no vió el valor eterno de la relación de Abraham con Dios, a pesar de haber sido testigo de todas las acciones de Dios con su tío.

Pero cuando llegó ese momento para él de seguir su propio camino, él eligió lo temporal—Sodoma le pareció un buen lugar para empezar un nuevo comienzo—y fue allí donde lo perdió todo—pero la elección de Abraham, en cambio, le dio a Abraham la oportunidad de ganarlo *todo*. La moraleja de esta historia es que un provecho puede estar ante nuestros ojos, y, aun así, *no significa nada* según, según, y en acuerdo lo que hay en nuestro corazón.

Sin embargo, esta ventaja y herencia al unirse a este Dios asombroso, no fue pasada por alto por Isaac, Jacob, José, Daniel y muchos otros hombres sobresalientes de Dios cuya obediencia estaba motivada por su amor hacia Él (véase **Juan 14:15**; **15:10**) cual resalta con otros personajes como el tío de Jacob, Labán, y más tarde su hermano Esaú, que, aunque bendecidos por su relación con él, terminaron con los mismos resultados espirituales negativos que los de Lot.

DOS HIJOS, DOS CAMINOS

Luego tenemos la parábola de los dos hijos, cual ilustra que, en la familia de los santos de Dios, adoptados mediante el derramamiento de la sangre de su Hijo, siempre habrá miembros con dos tipos de carácter, actitud, y mentalidad—los obedientes y los tercos. Este último ilustra el hijo pródigo, y el primero con el hermano que decidió quedarse con su padre.

En este caso, el padre fácilmente podría haber rechazado y negado al hijo menor, la herencia que él exigió (véase **Hebreos 9:16-17**) porque él aún no había muerto. Sin embargo, ese no era el punto principal de la historia que nuestro Señor quería señalar, ni tampoco la diferencia entre los dos hijos involucrados en el relato, sino que *la respuesta* que el padre dio al hijo obediente, después del regreso del hijo pródigo: "hijo, tú *siempre estás conmigo, y todo lo mío es tuyo*". ¿Podemos ver aquí, entonces, la diferencia entre un hijo que recibe el Reino como coheredero con nuestro Señor, y otro que eligió vivir una vida mundana y terminó alimentando cerdos? Contrariamente a lo que podríamos creer, esto está directamente relacionado con la advertencia de que se encuentra en **Oseas 4:6**, que está dirigida específicamente a aquellos miembros de la familia que son obstinados.

Los otros dos hijos se mencionan en Sus parábolas—uno le dijo a su padre que le obedecería y haría el trabajo que le encomendó, pero no lo hizo; mientras que el otro le dijo que no lo obedecería, pero luego cedió y cumplió la voluntad de su padre. Todas estas historias siguen siendo *lecciones* dirigidas a nosotros hoy, lo que valida la premisa inicial—que fueron *escritas para nuestra instrucción, ejemplo, advertencia y amonestación*. Sin duda, *no pasen por alto* que los padres de estos hijos *les permitió a hacer* la voluntad de ellos, no la de él.

HACEDORES, NO OIDORES

Entonces, ¿qué podemos pensar acerca de todo esto? Bueno, desde mi punto de vista, y como un ser humano, aún *no conozco a nadie* que prefiera la compañía de desconocidos a la de un ser querido, como su esposa, hijos, madre, padre o cualquier otra persona querida. Por lo tanto, la Palabra de Nuestro Señor en **Santiago 1:22** resuena bien con el tema de este tratado:

> "Pero sed _hacedores_ de la Palabra [_obedecer_ activa y continuamente los preceptos de Dios], y no meros _oyentes_ [que oyen la Palabra, pero no _asimilan su significado_], _engañándolos_ a ustedes mismos [con razonamientos erróneos contrarios a la verdad]".

Por lo tanto, yo estoy completamente persuadido de que el motivo de nuestro Padre detrás de este composición, es hacer posible que cualquier persona venga a conocer estas cosas y pueda hacer una elección de _calidad_, _informada_, y _bíblicamente_ hincada en cuanto a cual camino de tomar, es la mejor opción, en lugar de seguir siguiendo un camino basado en las opiniones de otros, y no la del Espíritu de Dios, quienes, al elegir su propio camino guiados por otros para cumplir con la verdad de **Mateo 15:14**; **23:16**; y **23:24**, cuales siempre serán susceptibles a la desinformación, la tergiversación y las enseñanzas engañosas, que son propicias para que los _no son_ comprometidos, informados, e ignorantes acerca de sus revelaciones en Su Palabra.

UNA REFLEXIÓN FINAL

Para Las Mentes Curiosas

¿Un Vínculo con Su Espíritu?

¿Te has preguntado alguna vez cómo nuestro Padre conecta su Espíritu con el nuestro, para establecer un vínculo de comunicación, o un canal de transmisión directo, o incluso telepatía, por así decirlo?—es como si fuera una frecuencia específica, sintonizada para cada uno de nosotros, con el propósito de poder recibir todos Sus pensamientos e instrucciones, tan restringidos a cada uno de nosotros, a como esa de una emisora de radio para unirse con nuestra mente y alma. Esto se mira a lo largo del Antiguo Testamento, donde los patriarcas y profetas tenían un canal de transmisión claro y directo con Dios.

Yo he experimentado algo de esto, y puedo afirmar con certeza que no es de una forma audible, sino en forma de un pensamiento completo, como un telegrama, que yo sé, que no proviene de mí. Es lo más claro a cómo yo lo puedo describir, y me llevó bastante tiempo a distinguirlo e identificarlo como Suyo, no mío. También puedo decir con convicción que Él también usa Su palabra escrita, como una más *especie de lenguaje*, para comunicarse con nosotros. A medida que se desarrollaba dentro de mí, hace unos diez años, donde yo, inicialmente los atribuí a pensamientos aleatorios, "corazonadas", y aun, como coincidencia—algunos de ellos me evitaron accidentes graves y, en mis años de juventud, incidentes cercanos a la muerte, o de resultados desastrosos, hasta que yo discerní que Él estaba detrás de cada evento imprevisto y, debido a mi ignorancia sobre Sus caminos y Su Palabra, nunca tuve la oportunidad de agradecerle por salvarme y de protegerme.

UNA POSIBLE EXPLICACIÓN

Para aquellos que disfrutan del estudio, el conocimiento, y se mantienen al día con los últimos avances y tendencias tecnológicas, y de reportes en la comunidad médica científica, donde últimamente, existe una gran preocupación sanitaria por el despliegue y uso actual del nuevo sistema de comunicación inalámbrica 5G, ya que en más de 1000 estudios diferentes, han demostrado que los campos electromagnéticos (CEM)—en este mundo de ensueño inalámbrico donde hoy vivimos—han tenido diversos efectos negativos en las células humanas, y en el bienestar de salud.

En comparación, si alguien escucha a cualquier banda de radio FM, solo se expone a una señal de 98 MHz. Sin embargo, al usar la transmisión de un teléfono móvil, ya sea Bluetooth, de 2 GHz, 3 GHz, 4 GHz y, actualmente la de 5 GHz de hoy, estamos hablando de una exposición a *__5 mil millones__* de ciclos de frecuencia por segundo, sin ni siquiera a considerar las implicaciones del futuro uso de niveles de potencia de transmisión más altas, de 6 GHz, e incluso 10 GHz, que ya se está usando en China.

¿NUESTRO ADN COMO ANTENA?

En 2011, Martin Blank, y Reba Goodman publicaron un artículo con evidencia convincente de que nuestra ADN podría ser una *antena fractal*—les recomiendo encarecidamente que investiguen el *Conjunto de Mandelbrot* y las *Estructuras Fractales*, redescubierto recientemente por **Benoit Mandelbrot**, ingeniero de investigación de IBM, en 1980. Vale la pena dedicarle tiempo, ya que muestra no solo la belleza visual de la infinita sabiduría y perfección matemática de Dios, sino que también les ayudará a comprender mejor lo que voy a compartir aquí con ustedes.

Para que un teléfono inteligente reciba todo tipo de frecuencias inalámbricas, ya sea **LTE** y **3G**, como en Costa Rica cuando estoy allí, o **5G** cuando estoy en los Estados Unidos, mi teléfono tiene una *antena fractal* en su interior para poder funcionar y recibir cualquier tipo de señal celular de cualquier intensidad disponible en su área inmediata o en cualquier otro lugar del mundo.

LA MARAVILLA DE NUESTRA ADN

Verán, cada una de nuestras células corporales tiene nuestra ADN almacenado en una bola compacta, conocida como "*glóbulo fractal*", cuyas hebras de ADN están firmemente enrolladas como un ovillo de lana, pero la cual se desenrollan con la misma facilidad de un alambre de memoria, o de una manguera de jardín al desenrollarla de la pared.

Si comprendemos la naturaleza de las antenas y las longitudes necesarias para recibir y enviar una transmisión, la propiedad de estos *glóbulos fractales* indicaría la capacidad de recibir todo el rango de todas las transmisiones disponibles en el universo—para las *bajas frecuencias* se necesita una *antena larga*, y para las *ultras altas*, una realmente *corta*.

Obviamente, este es un nuevo campo científico del que sabemos poco, y aún está por descubrir si estos glóbulos son capaces de captar transmisiones inalámbricas—y si lo son, bueno, no creo que nos lo digan por las obvias aplicaciones e implicaciones militares.

Sin embargo, el daño al ADN humano que estas frecuencias ultra altas son reales, y han infligido a muchas personas, daños genéticos y/o a las células humanas reales, pero eso está fuera de nuestra discusión aquí.

UN IMPACTO INVISIBLE

Dado que ahora se sabe que la exposición a estas frecuencias ultra altas ha roto las cadenas de nuestro ADN físico, esto indica que los *glóbulos fractales* podrían ser, como las antenas fractales de los teléfonos celulares, capaces también de recibir estas frecuencias ultra altas, que potencialmente están dañando nuestras células.

Como es habitual, habrá mucha controversia entre las partes beneficiadas por su desarrollo, y aquella de la comunidad médica, y finalmente, el dinero y el profito, ganarán la discusión, demostrando que no hay nada de qué preocuparse acerca de esta tecnología, "ándese, no hay nada que ver aquí, sigamos adelante", y seguir avanzando hacia el 6G y más allá con las frecuencias de la telefonía celular.

RESPUESTAS EN DESARROLLO

En mi experiencia, como si fuera por pura "casualidad", esta nueva información me llegó mágicamente, respondiendo a las preguntas que yo planteo a Él. Siempre he sentido curiosidad acerca del porqué, y el cuándo—en todo lo que yo veo desarrollarse en este mundo, y por extensión, en este universo.

En el fondo más profundo de mi ser, yo sé que _nada ocurre por casualidad_, ni de forma _independiente_ de otros sucesos y acontecimientos en esta realidad donde vivimos. Yo siento la necesidad de comprender mi existencia, y el papel que yo desempeño en este mundo—en mi entorno inmediato, y en la sociedad en general. Por supuesto, si uno cree que del caos _surgió una orden asombrosa en toda esta creación_, entonces, siga adelante ya que, sin duda, la ignorancia es una bendición. De como yo me conecto con Él, a través de su Espíritu y su Palabra, fue una de esas preguntas de mí, para Él, para poder comprender cómo yo, me relaciono, e interactuó entre este mundo que yo vivo y Él.

CUMPLIENDO NUESTRO DESTINO

Verán, al establecer este vínculo de comunión con Él, es esencial de _apropiarnos y de utilizar_ el **_poder_** (**Mateo 28:18; Lucas 10:19; 2 Cor. 13:10**) que _Él nos ha dado libremente_—a pesar de vivir y estar tras las líneas enemigas—y cumplir, con Su aprobación y total apoyo, el encargo que Él nos dio a todos en **Génesis 1:26**:

> "Hagamos (Padre, Hijo, Espíritu Santo) al hombre a nuestra imagen, conforme a nuestra semejanza [no física, sino una _personalidad espiritual_ y semejanza moral]; y que tenga la plena autoridad sobre los peces del mar, las aves del cielo, el ganado, _sobre toda la tierra y sobre todo_ lo que se arrastra sobre la tierra".

Podemos ver fácilmente que en esta propuesta y diseño donde, para cumplir este plan, se requiere un _espíritu resucitado y renacido_ de la _muerte espiritual_ que Adán legó a su posteridad. Pero no solo esto, los cristianos parecen haber olvidado que, al perder nuestra conexión espiritual con Dios en ese Jardín, también _perdimos toda_

Su Sabiduría, y nuestra conexión con Él. Sin embargo, fiel a Sus promesas, Él nos dice que Él ya la ha restaurado a través del sacrificio de Su Hijo, *pero si, solo una vez que nos conectamos* con Su Espíritu Santo, cual se encuentra en **Santiago 1:5**:

> "Si alguno de ustedes tiene falta de sabiduría [*para guiarlo en* [cada] *decisión o circunstancia*], pídala a [nuestro Dios benévolo], quien da a *todos* abundantemente y *sin reproche ni censura*, y le *será dada*" (ver **Mateo 7:7**; **Efesios 3:20**).

Su Obra Ya Está Concluida

Él también promete que es Él, quien *completará todo* Su plan para nosotros (no nosotros mismos, *ni tampoco ninguna iglesia o religión* que nos gusta practicar), mientras estemos en esta tierra. A como Él lo dice, en lo que respecta a nuestros propios esfuerzos para intentar hacerlo nosotros mismos, donde nuestra participación, no es necesaria ni requerida, en **Filipenses 1:6**:

> "Estoy convencido y confiado de esto: que la buena obra que Él comenzó en vosotros, Él la *perfeccionará y la completará* hasta el día de Cristo Jesús [el tiempo de su regreso]".

Si entendemos el alcance y la escala de lo que nos dice aquí, entonces no podemos apreciar su mensaje en **1 Corintios 13:10**:

> "Pero cuando venga lo que es completo y perfecto (nuestro arrebatamiento), lo que es incompleto y parcial, *pasará*".

¿Tiene el ADN un Papel en la Comunicación con Dios?

Aunque la función de los glóbulos fractales—las maravillas enroscadas de nuestra ADN—sugiere ser una posible antena espiritual, esto sigue siendo una pregunta abierta en la comunidad científica. Le pregunté a Él si me pudiera dar alguna idea sobre el tema, y surgieron algunas ideas. Aun así, tomen esta respuesta con un grano de sal, ya que es *solo mi opinión*—donde nuestra capacidad de comunicarnos con Él directamente puede ser a través de nuestra ADN—siempre y cuando uno analiza realmente la *naturaleza y complejidad* de ella—ya que los patriarcas, profetas, y sacerdotes demostraron esta libre clara conexión y comunicación con Él.

No obstante, no se puede concluir que cualquiera de nosotros puede hacerlo por solo nuestra voluntad, un sentido común nos dice que cualquier dispositivo de comunicación que han sido inventados hoy, tienen un protocolo para su uso, y su función, según su diseño.

Es Su Manera, No a La Nuestra

No debería sorprender, entonces, que tal protocolo de comunicación también esté presente en Su propio sistema de transmisión. Al igual que aquellos notables de la Biblia de antaño, esto solo es posible *cuando solo lo hacemos a Su manera* (**Mateo 6:33**; **Josué 1:8-9**), no a la nuestra. Esta hipótesis podría explicar la pregunta que muchos han hecho sobre el por qué, las vacunas contra la COVID-19 (una vez que uno está bien informado sobre ellas), contienen *componentes* en su fórmula *diseñados para alterar* nuestra ADN. ¿Es solo una "coincidencia"? Creo que no.

¿Una Casualidad?

Yo no puedo probar bíblicamente la función de comunicación de nuestro ADN, pero si hay una evidencia circunstancial, si no la lógica, sugiere que ella puede ser una antena espiritual—abierta a ambos linajes en esta tierra—para los hijos de Dios, y para aquellos que eligen el ancho de banda del maligno, como lo demuestran nuestra historia humana, y nuestras noticias diarias. Sin embargo, solo los cristianos son los únicos que pueden sintonizar a Su frecuencia exclusiva a través del Espíritu Santo usando nuestra red fractal, algo cuyo funcionamiento escapa a cualquier comprensión humana.

La Desconexión de la Religión

Es un hecho que nosotros somos espíritus, viviendo en un cuerpo físico, y que las instituciones religiosas, en contraste, _no son_ seres _vivos_ y, por lo tanto, como _cuerpos inanimados_, Entonces, estas instituciones humanas no son nada más que objetos _inanimados_ **incapaces** de poder hablar, ni de representar al Dios vivo_. Su decisión de _dividir_ al Cuerpo de Cristo, en lugar de _unirlo_ contrario a Su voluntad, es prueba suficiente, para mí, de que carecen de un acceso a este sistema de comunicación con Dios en tener cualquier credibilidad para hablar, o representar a un Dios vivo.

Estas divisiones doctrinales, que contradicen totalmente el diseño y orden de Su Iglesia, y cual confirma que carecen de _cualquier autoridad o posición_ de parte de Él, para poder estar frente aquellos que han sido llamados, sentados en sus bancas, pretendiendo representar algo que Dios nunca les encomendó hacer en Su nombre. Dios no nos dio a nosotros su Espíritu solo para que lo excluyéramos a Él de la obra que nuestro Señor ha asignado al Espíritu. Entonces, esto nos aclara acerca de _quién está detrás_ de estas instituciones, con sus discordias y divisiones sembradas en cada religión cristiana—sin duda, a este nivel de engaño, el diablo ha obstaculizado las obras del cristianismo con estas divisiones, pero aun, *no ha podido conquistar y derrotar a los escogidos*, según las palabras de nuestro Vencedor en **Mateo 16:18**:

> "Y yo te digo que tú eres Pedro, y sobre esta Roca (Cristo, no Pedro, cuyo nombre en griego significa *'piedra'*, **no roca**) edificaré mi iglesia, y las puertas del Hades *no prevalecerán* contra ella".

GUÍAS CIEGOS

Así que, para mí es claro que, en este caso, es fácil determinar de dónde y quién originó estas religiones con sus divisiones y rivalidades religiosas, y es mi firme convicción de que estas instituciones siguen siendo influenciadas por el mismo espíritu que engañó a Eva. Estas desavenencias no son más que la vieja táctica de "*Dividir y Vencer*", y vaya si, el diablo, con estas instituciones creadas por el hombre, ha vencido en mucho, pero de ninguna manera, aún podrá a derrotar a quienes ***eligen a caminar*** con su Espíritu.

Ahora bien, para el incrédulo religiosos como Tomás, quien podrían ser espiritualmente débil y fácilmente engañados, esto podría parecer algo inconcebible porque ellos pueden ser deficiente en su propio nivel de creer a Dios y, por lo tanto, *incapaces* de experimentar **Romanos 15:13**:

> "Que el Dios de la esperanza los *llene de todo gozo y paz al creer* [mediante la ***experiencia*** de tu fe] que por el *Poder* del Espíritu Santo (no tu religión o denominación), abundarán en esperanza y rebosarán de *confianza* en Sus promesas".

Esta situación en el mundo de la iglesia cristiana actual confirma la veracidad de las palabras de nuestro Señor en **Mateo 14:15**:

"Déjenlos; son _guías ciegos_ [que guían a _seguidores ciegos_]. Si un ciego guía a otro ciego, ambos caerán en un hoyo" (véase **Isaías 42:16**).

LA VERDADERA COMUNIÓN

En el otro extremo de este espectro, encontramos cristianos dispuestos a construir su casa espiritual sobre la Roca, obedeciendo Sus palabras en **Mateo 7:26**, con un resultado predecible en **2 Corintios 13:11**:

"Por último, hermanos, ¡regocíjense! Sean _perfectos_ [sean lo que _deben ser_], sean consolados, tengan un mismo sentir, vivan en paz [disfruten del bienestar espiritual que _experimentan_ aquellos que _caminan_ cerca de Dios]; y el Dios de amor y paz [la fuente de la bondad amorosa] estará con ustedes".

¿No es esto exactamente lo que todo cristiano que yo conozco desea a tener y sentir de nuevo? Ese gozo que sentimos cuando llegamos por primeramente a Cristo, pero ¿qué ha sucedido durante estos siglos? Sí, se estancaron en una rutina religiosa contra Su voluntad, a lo cual Él no advirtió sobre esto, en **Gálatas 5:9**:

"Ahora, sin embargo, habiendo llegado a conocer al Dios verdadero [por una _experiencia personal_], o, mejor dicho, siendo conocidos por Dios, ¿cómo es que se están _volviendo de nuevo_ (léase **Éxodo 14:12**; y en **32:23**; y **Números 14:4**) a los débiles y vanos principios elementales [*de religiones y filosofías*], a los cuales quieren ser <u>ESCLAVIZADOS</u> de nuevo?"

AISLADO POR LA FE

Por lo tanto, todos nosotros podemos ver que, a menos que *vivamos y experimentemos* esta comunión espiritual <u>*constante*</u> con Él, y **<u>no</u>** a través de una comunión *superficial,* e *inspirada* por el hombre, la cual nosotros solo podríamos estar simplemente imaginándolo a través de nuestros oídos con las palabras de otros seres humanos, donde *<u>ellos no tienen ningún riesgo</u>* acerca de nuestro destino eterno. Nadie puede experimentar esta unidad personal en tiempo real, las *24 horas del día, los 7 días de la semana,* excepto nosotros mismos, y *no a través de una agencia religiosa externa,* dado que ellos no poseen *<u>el poder, ni la capacidad,</u>* de tomar el lugar, o el Ministerio de Su Espíritu Santo.

Como cristiano, yo estoy totalmente convencido de que mi condición de *ser nacido de nuevo* aísla mi ADN de cualquier interferencia, contaminación, o corrupción de cualquier cosa que este mundo, con sus instituciones religiosas y agencias gubernamentales, tenga que ofrecerme o arrojar contra mí. Esto también es cierto para cualquier otro cristiano nacido de nuevo si camina de cerca con su Dios (**Miqueas 6:8**) y está de *<u>acuerdo</u>* con Sus Palabras. (**Amós 3:3**).

Por lo mismo, también yo creo que yo estoy exento de cualquier daño, perjuicio, o interrupción de las nuevas tecnologías de comunicación actuales, que tienen el potencial de ser utilizadas por el enemigo para influir *mentalmente a una persona* que no tienen ninguna relación con Dios, lo que puede explicar la locura actual que ve en nuestro mundo de hoy, y en el resto del planeta en general.

EL RIESGO PARA LA OVEJA RELIGIOSA EN LA TRIBULACIÓN VENIDERA

Hay mucho más que decir sobre todo esto, y sobre cómo esta conexión espiritual con Dios se desempeñará, y que papel, durante la tribulación, esta desconexión con Él afectará a estos cristianos engañados por su propia religión (vea **2 Tesalónicos 2:10-12**), donde muchísimos cristianos desinformados y engatusados serán extraviados por falsas doctrinas y terminarán abandonados del rapto, pero no perdidos, a menos que *crucen la línea roja de Dios* en aceptar la marca del anticristo en la mano o la frente, como lo advierte **Apocalipsis 14:9**:

> "Luego otro ángel, el tercero, los siguió, diciendo a gran voz: 'Cualquiera que adore a la bestia y a su imagen, y reciba la marca [de la bestia] en su frente o en su mano, él también [*tendrá*] que *beber del vino de la ira de Dios*, mezclado puro en el cáliz de su enojo; y será atormentado con fuego y azufre (azufre llameante) delante de los santos ángeles y en la presencia del Cordero (Cristo)".

Este ángel no está advirtiendo a los perdidos en la tierra—eso es un hecho—pues ya están acabados, perdidos, y destinados solo a la destrucción. (**Isaías 34:5**; **Romanos 9:22**; **2 Pedro 3:7**), sino para solo aquellos cristianos en nombre, que aún están indecisos en medio de la tribulación. No me sorprenderá en absoluto que millones de cristianos se *quedarán atrás* porque ellos no estaban *listos* para encontrar a Jesús en el rapto de la Iglesia (**Mateo 24:42-44**; y en **25:10-13**; **Lucas 12:35-40**).

LA TRAMPA DEL ENGAÑO

La mayoría de los cristianos que atienden las iglesias, terminan escuchando y creyendo _lo mismo_ que sus pastores y maestros creen, dicen, y enseñan, incluyendo los errores que predican, porque sus conocimientos y enseñanzas, primero fueron elaborados en seminarios (monasterios para sacerdotes católicos), adonde se formularon sus doctrinas—segundo, porque estos errores se filtraron a quienes se sentaban en las bancas, aceptando y considerando las palabras de ellos a como de ser las "Palabras de Dios" a través de sus labios.

Jesús nos advirtió sobre este peligro en _todos los evangelios_, pero desafortunadamente, la mayoría de los cristianos creen estar a salvo del engaño, al igual que aquellos judíos religiosos que cayeron en su propio error religioso cuando Él estuvo aquí.

Hay una razón porque, Él comienza sus advertencias en el capítulo profético de **Mateo 24** con las palabras: "**_No se dejen engañar_**".

¿Por qué esto sería así, uno se preguntaría? Bueno, porque a menos que uno actúe con la debida diligencia en escuchando _únicamente a Su Espíritu_, y en _obedeciendo_ Sus mandamientos en Su Palabra, entonces toda promesa contenida en ella sea cual sea, sigue siendo **_solo_** _una promesa_ si uno no cumple _con todas Sus condiciones_ para recibirlas. Por lo tanto, solo podemos concluir que, dadas las instrucciones de Dios sobre de _cómo debemos de vivir nuestra vida cristiana_ después de nuestra salvación en el Nuevo Testamento—desde Su perspectiva—entonces, la idea de que solo se necesita a "_creer_", pero entonces **_añadiendo 27 libros_** más al Antiguo Testamento y a los Evangelios con _estas instrucciones_ discutidas aquí, es _totalmente innecesario_, ¿no es así?

En escoger la religión sobre sus instrucciones, esto no difiere de cuando su pueblo decidió reemplazar a Samuel (_símbolo_ del Espíritu Santo dentro nosotros) por un rey, a como se mencionó anteriormente. Los judíos hicieron la misma torpedad otra vez, cuando decidieron aliarse con la clase religiosa en tiempos de Jesús—les sugiero a leer **Jeremías 17:5** sobre las consecuencias de confiar y depender del hombre. Esta decisión coloca al cristiano profesante en una abierta rebelión y desafío al método, diseño, el orden de Dios en Su Iglesia, y en su modo de operar, y no la de aquellas que vienen de cualquier religión o denominación en particular.

ÉL ES LA ÚNICA VOZ

La realidad es que _ninguna_ religión, o denominación habla en el Nombre de Dios, sino que simplemente ellos solo representan, y difunden, sus propias creencias y tradiciones de su propia secta, en lugar de basar sus afirmaciones _estricta y exclusivamente_ en lo que Dios _ya ha declarado_ en Su Palabra.

¿Y cuál es la declaración principal de Su Palabra con respecto a Su Iglesia? Bueno, ya hemos establecido la premisa de que Dios ha _ordenado_, _diseñado_, _y prescrito_ que Él, y **_solo Él_**, es el único **Maestro y Discipulador** de Sus ovejas, y si esto no te basta, ¡mucha suerte con tu elección por la religión!

Espero que muchos de mis lectores comprendan que, _sin conocer Su Palabra, sin andar con su Espíritu y sin obediencia_, vivir la _verdadera vida cristiana_, a tal como Él la planeó y diseñó para nosotros, no solo es _inalcanzable_, _sino **imposible**_ de lograr.